Marseille 2030 :
la ville des possibles

Collection *Monde en cours*
créée par Jean Viard

www.editionsdelaube.com

ISBN 978-2-8159-6400-5

Sébastien Barles

Marseille 2030 : la ville des possibles

éditions de l'aube

Arrivé à Marseille comme étudiant au milieu des années 1990, au cœur de la parenthèse enchantée des années Vigouroux de *movida* culturelle, j'y ai découvert, émerveillé, habitant la Belle de Mai le bouillonnement de la friche La Belle de Mai naissante. L'inattendu était toujours au coin de la rue : la sortie festive du journal *Taktik*, les spectacles de marionnettes offerts quand nous allions voir le cirque Plume, les ateliers ouverts, les soirées techno…

Entre la lecture des livres d'Izzo, les apéros de la Chourmo avec Massilia Sun System, les balades dans les sublimes Calanques, la sardinade du 1er-Mai sur la Plaine, les spectacles de Générik Vapeur, les concerts à la Machine à coudre ou au Balthazar, les panisses-pastis à l'Estaque, les ciné plein air à la cité Bassens, le soutien au mouvement des chômeurs du Robin des bois Charles Hoareau ou du festival de flamenco sur la terrasse du théâtre Toursky, je me suis dit que cette ville pas comme les autres était pour toujours et à jamais la mienne.

Un amour charnel est né en moi pour Marseille. Une passion dévorante.

Après avoir fait ma thèse à Paris, j'y suis revenu au début des années 2000 et ai découvert une autre face de la ville. Père de deux enfants, j'ai éprouvé la galère d'une ville engluée dans le clientélisme avec pour conséquence des services publics mal gérées. J'ai découvert l'impossibilité d'avoir une place en crèche sans piston, l'état dégradé des écoles publiques, le manque de jardins d'enfants, de piscines, la place infernale qu'a la voiture en ville, le mal-logement au cœur de la ville…

Marseille nous fait souvent osciller entre attraction et répulsion, ne nous laisse jamais indifférent.

Militant de longue date pour les droits humains – Amnesty International, Ligue des droits de l'homme –, puis le droit au logement – Droits devant et Droit au logement (DAL) – avant d'embrasser l'écologie politique, c'est à Marseille que j'ai souhaité m'engager vraiment dans le champ politique pour changer la donne, pour rompre avec un système qui a tant fait de mal à la ville et à ses habitants, pour en finir aussi avec la complaisance de beaucoup d'acteurs locaux dans une sorte de médiocrité fataliste.

J'ai toujours eu la conviction que c'est dans cette ville que la politique peut regagner ses lettres de noblesse, que les enjeux sociaux, démocratiques et environnementaux sont là. Que Marseille est le cratère du grand volcan français qui menace d'exploser. Que c'est plus stimulant de remettre debout une ville vouée à l'incurie pendant des années que de savoir où mettre une piste cyclable à Paris ou à Lyon, même si j'admire la métamorphose de ces villes.

Avant d'être élu et nommé adjoint au maire en 2020 suite à l'élection de Michèle Rubirola, j'ai fondé plusieurs collectifs citoyens, j'ai aussi participé à faire émerger sur la ville la première liste citoyenne en 2014 avec des visages épousant la diversité de notre cité sous l'égide du regretté Pape Diouf et ai fait un mandat dans l'opposition de Jean-Claude Gaudin entre 2008 et 2014, où le contact des vieux monstres du système local m'a immunisé contre le virus des renoncements et des petits arrangements entre amis.

J'ai marqué à jamais en moi l'espoir suscité par notre victoire collective du 4 juillet 2020. Les milliers de Marseillais rassemblés dans une fièvre digne des grandes soirées européennes au Vélodrome agitant les clés pour signifier qu'enfin le seigneur finissant Gaudin, barricadé derrière des barrières dans l'Hôtel de Ville depuis le tragique effondrement des immeubles de la rue d'Aubagne, devait rendre les clés de la mairie aux Marseillais. Tout Marseille dans sa diversité était là, des larmes d'espoir ruisselaient sur de nombreux visages. Ce 4 juillet avait des parfums d'allégresse digne du 10 mai 1981.

Cette responsabilité fut lourde à porter durant les premiers mois lorsque nous avons pris possession de nos bureaux vides ; que nous avons constaté l'état d'une administration locale délaissée depuis tant d'années, sans pilotage ou pour certains des agents le désir de nous attendre au tournant et de nous mettre des bâtons dans les roues ; que nous avons perdu la Métropole, qui dispose pourtant d'un grand nombre de compétences.

Il a fallu travailler seul pour établir une feuille de route dans les délégations qui nous ont été confiées.

Notre chance a été de pouvoir compter sur les acteurs locaux, les associations, les collectifs, les entrepreneurs volontaristes, les universitaires. Très vite, nous avons décidé de co-construire de nouvelles politiques publiques pour tenter de rendre notre ville plus juste, plus verte et plus démocratique.

Toutefois, faire partie de l'exécutif de la seconde ville de France n'est pas une sinécure. Cela pourrait même se rapprocher d'un sacerdoce parfois, tant les difficultés sont grandes et nos marges de manœuvre étroites.

L'injonction de réparer notre ville doit être associée à la nécessité de transformer la cité, de l'apaiser, de la verdir, de l'oxygéner démocratiquement.

Face à l'accélération des périls pesant sur notre cadre démocratique et nos systèmes de solidarité, la ville est un espace privilégié pour résister aux chocs. L'exemple de Buenos Aires (qui ressemble d'ailleurs beaucoup à Marseille) m'a marqué avec ses amortisseurs sociaux dans chaque quartier, permettant à chacun de manger à sa faim, d'accéder aux soins, à la culture, à l'éducation par des structures de proximité présente dans chaque quartier avec l'appui de l'État, des autorités locales, mais aussi des syndicats et même des clubs de foot.

Il faut toutefois relativiser le poids des pouvoirs locaux. Les repenser dans une logique de ville facilitatrice, de ville stratège et coopérative est impératif.

Pour répondre à la crise systémique actuelle, c'est le pari de l'intelligence collective qu'il faut faire.

C'est en effet de la mobilisation de toutes les forces vives du territoire (monde scientifique, économique, associatif et culturel) que les solutions adéquates, à la hauteur des enjeux, seront trouvées.

Le nouveau régime climatique impose à notre ville de sortir des schémas classiques de la démocratie représentative et verticale.

Souvent d'ailleurs, le doute m'étreint : quelle est la meilleure place pour tenter de préparer et d'adapter notre cité à cette nouvelle donne sociale imposée par la crise écologique ?

Être élu empêche d'être pleinement acteur du changement. C'est se placer sous le poids d'inertie liée à la lourde machine administrative, aux petits jeux du pouvoir et de ses futiles turpitudes. C'est l'apprentissage de la patience alors que l'horloge climatique s'emballe.

Ce sont beaucoup de frustrations et d'enthousiasme avec des oscillations permanentes entre ces deux états. Les idées et projets foisonnent, mais leur concrétisation est laborieuse. Le manque d'agilité de la puissance publique est phénoménal.

Alors oui, j'ai pu dans le cadre de ma délégation réaliser des choses, mettre en place des outils et des espaces démocratiques importants pour la transformation de notre ville.

Je pense ici au contrat de ville climatique, feuille de route climatique à horizon 2030, co-élaboré avec les collectivités locales, le monde scientifique, économique et associatif du territoire suite à l'obtention du label européen des 100 villes climatiquement neutres, à l'Assemblée citoyenne du futur, à l'expérimentation du revenu de transition écologique, à l'émergence d'une Cité des transitions, aux dispositifs mis en place pour lutter contre la précarité énergétique – Service local pour l'insertion par la maîtrise de l'énergie (SLIME) et « territoire zéro exclusion énergétique » –, aux plans sobriété et rénovation du bâti municipal, à la préfiguration d'un opérateur énergétique – société publique locale (SPL/SEM Énergie), à l'organisation des lundis de la transition et des opérations de mise en relation pour accompagner les acteurs de la transition dans leur projet et leur quête de foncier…

De vastes chantiers restent toutefois à entreprendre dans les prochaines années :

– la nécessité de rompre avec le monopole de Sodexo en matière de restauration scolaire en inventant un scénario sur dix ans d'une restauration scolaire en circuit court, fondé sur un modèle de petites unités de production, mettant l'initiation au goût et à une alimentation durable, locale et saine au cœur du projet ;

– de lutter contre la précarité alimentaire et énergétique en expérimentant la sécurité sociale de l'alimentation en s'appuyant sur les initiatives locales de caisses alimentaires et en essaimant sur la ville les communautés locales énergétiques et les quartiers zéro exclusion énergétique pour en finir avec la précarité énergétique ;

– de mieux valoriser le foncier vacant de notre ville en mobilisant tous les grands propriétaires fonciers pour accueillir des projets d'innovation écologique, démocratique et sociale dans le cadre d'un grand programme « Réinventer Marseille » ;

– de réaménager en tenant compte de la crise climatique deux secteurs clés de notre ville : le parc Chanot et le quai de la Lave ;

– de convaincre le Port de rouvrir vraiment aux Marseillaises et Marseillais la Digue du Large ;

– de pousser l'État à accompagner de mesures sociales la mise en place de la zone à faibles émissions (ZFE) tout en mettant en place une ZFE maritime ;

– de l'amener également à massifier la rénovation thermique du parc social de la ville afin que les locataires payent moins de charges énergétiques ;

– de trouver les financements nécessaires pour couvrir les autoroutes urbaines de panneaux photovoltaïques afin de produire de l'énergie locale ;

– de pousser la Métropole enfin à accélérer le développement des transports collectifs et la réalisation du plan vélo.

J'ai décidé d'écrire ce livre pour sortir la tête du guidon, de la dictature du présent, des rendez-vous qui s'enchaînent. Je souhaitais prendre du recul, mettre au clair et partager ma vision de ce que pourrait être notre ville demain si nous nous y mettons toutes et tous ensemble.

Marseille, ville-monde, peut devenir, face à un monde en plein chaos et une Europe déboussolée, un havre de paix, de fraternité, de bien vivre, un phare dans la nuit qui s'annonce.

Sénèque affirmait que « la vie ce n'est pas d'attendre que les orages passent, c'est d'apprendre comment danser sous la pluie ».

Ce livre, c'est le pari de l'intelligence collective, de l'innovation sous toutes ses coutures, de l'audace face à la plus grande crise systémique que nous ayons jamais connu et au péril de la prise de pouvoir par l'extrême droite et ses nauséabondes idées.

Introduction
Marseille fracturée, en friche, abandonnée, asphyxiée, mais Marseille debout

Marseille est une ville paradoxale qui suscite attraction et répulsion. Marseille fascine, ne laisse personne indifférent, même si souvent l'approche médiatique reste folklorique ; elle sert d'alibi exotique à une forme de nostalgie néo-coloniale. Cette nostalgie remonte en effet au passé colonial de notre cité avec une mémoire, un imaginaire marseillais inspiré par de grandes plumes ayant laissé un récit de Marseille (d'Albert Londres à Blaise Cendrars en passant par Marcel Pagnol, bien évidemment).

Notre ville, qui fait la une des médias pour ses règlements de compte tragiques est raillée et caricaturée depuis des décennies pour ses particularismes. La survivance d'un système clientélaire d'un autre âge, le laisser-faire des dirigeants locaux et l'abandon des quartiers populaires ayant produit notamment le drame de la rue d'Aubagne ont en effet terni l'image de notre ville. Jusqu'à l'arrivée de la nouvelle équipe municipale en 2020 ouvrant la voie à une nouvelle promesse.

Notre ville regorge pourtant de pépites, d'oasis de créativité, d'inventivité, d'énergie. Notre ville est un laboratoire bouillonnant d'innovation culturelle, sociale, démocratique et écologique. Notre situation géographique au cœur de l'arc latin, entre Europe et Afrique, le fait de disposer de la plus grande université de France, d'un riche et dense réseau d'acteurs associatifs, culturels, scientifiques et entrepreneuriaux, du premier parc national périurbain d'Europe avec les Calanques et d'un patrimoine naturel exceptionnel donnent des atouts considérables pour notre ville qui doit se réinventer.

Mais côté récit collectif, depuis la décolonisation, la désindustrialisation de la cité phocéenne qui a suivi et fut vécut comme une grande humiliation et le démantèlement de la *French Connection*, Marseille est « une étoile morte », comme le dit le sociologue Michel Péraldi.

Jean-Claude Gaudin a cherché de nouveaux « opium » pour redorer le blason et le rayonnement de notre ville. Ce furent les dispendieux éléphants blancs ayant endetté la ville (rénovation du Vélodrome dans le cadre d'un PPP scandaleux, création du Palais de la glace et de la glisse, Terrasses du port...) et le croisiérisme, qui aujourd'hui participe avec ses plus de 2 millions de passagers par an à asphyxier notre ville sans retombées autres que les pluies de particules fines.

Certes, depuis les années 2010 de jeunes créatifs arrivent massivement à Marseille qui se fait une petite place dans les industries de la création et de la communication.

Mais Marseille a besoin d'être portée par un nouvel horizon pouvant transcender son « peuple».

À l'heure où le bouleversement climatique s'accélère et nous oblige à agir, où les dernières prévisions du GIEC dépassent les perspectives les plus pessimistes des dernières décennies et parce que, plus qu'ailleurs, nous partons de plus loin et que la crise écologique nous frappe avec plus de force que dans d'autres grandes métropoles, l'écologie est une chance, une formidable opportunité, la force motrice pour la métamorphose de Marseille.

Guidée par l'optimisme de la volonté, la ville doit s'engager avec encore plus d'ardeur dans la transition écologique et solidaire. D'énormes gisements d'emplois existent et sommeillent dans des filières à structurer et à inventer dans les domaines de l'économie circulaire, de l'économie de la mer, du bâtiment durable méditerranéen, du tourisme soutenable, de l'agriculture urbaine, de l'alimentation durable, de la relocalisation et de la reconversion industrielle de notre économie, dans les métiers du vivant et de la relation ville-nature… Nous voulons ouvrir le chemin d'une ville en transition qui prend soin de ses biens communs, de son environnement, de la santé des habitants, de notre patrimoine dans sa globalité.

Nous avons été élus en 2020 sur deux engagements principaux : réparer notre ville abîmée par des décennies de laisser aller et de mauvaises pratiques (état des écoles et épidémie de logements indignes notamment) et préparer la ville aux grands enjeux à venir en faisant face notamment au défi climatique. Lier ces deux engagements doit être notre talisman. La transition écologique, démocratique et sociale doit être notre fil vert comme un moyen concret de développer la ville :

– socialement, en donnant leur chance dans les métiers de la transition à ceux qui sont loin de l'emploi, notamment dans notre jeunesse que nous devons former ;

– économiquement, en favorisant le développement d'initiatives privées et publiques créatrices d'emplois durables non délocalisables, qui ont du sens, et justement rémunérés – le revenu de transition écologique que nous souhaitons expérimenter sera l'un des dispositifs pour répondre à cet impératif ;

– démocratiquement en co-construisant avec les habitantes et les habitants de la ville de demain, car les Marseillaises et les Marseillais ont le goût de l'aventure collective. L'Assemblée citoyenne du futur que nous avons créée permettra au fil des années de penser le temps long en dépassant les urgences que nous devons traiter en s'appuyant sur le bon sens citoyen ;

– écologiquement, en préservant la biodiversité et en luttant contre la pollution en Méditerranée. Pour cela, Marseille, capitale côtière, doit s'ouvrir et coopérer avec les autres pays méditerranéens : nous devons dessiner un avenir commun pour notre Mare Nostrum.

Nous veillerons bien entendu à conserver notre singularité pour faciliter les transitions qui préfigureront un modèle de ville méditerranéenne du futur, résiliente et solidaire. Inventer un modèle d'écodéveloppement endogène pour Marseille, telle est notre ambition.

Depuis des décennies, sous l'ère Gaudin, Marseille s'est laissée dupée par le modèle libéral-productiviste standardisé de développement des grandes métropoles mondialisées autour des quatre pôles suivants : attractivité, tourisme de masse, centres commerciaux, quartiers d'affaires. La ville a cru pouvoir de la sorte compenser les pertes d'emplois subis dans l'économie ancienne (port, industries, commerces). Et ce sont les classes populaires qui ont eu de plus en plus de mal à trouver un emploi et qui furent les plus impactées par ce nouveau modèle.

C'est ainsi que Marseille a tourné le dos à son histoire et à son identité populaire, d'une ville-archipel (la cité aux 111 noyaux villageois). Les fractures sociales et territoriales se sont terriblement accentuées avec des inégalités de revenus médians entre quartiers de la ville allant de 1 à 15.

C'est à cette impasse que nous voulons faire face (partie I).

Il convient demain de dépoussiérer notre ville en friche, en valorisant le patrimoine abandonné, en ouvrant une constellation de tiers lieux, de fermes urbaines, de communautés locales énergétiques, de caisses locales expérimentant la sécurité sociale de l'alimentation, irriguant la ville de nouvelles activités, de nouveaux lieux de vie, d'échanges et de partage. Cet archipel s'appuiera sur un réseau de pôles collaboratifs expérimentant de nouveaux modèles économiques (communs, coopératifs, contributifs...). Il créera un écosystème favorable à l'éclosion de la recherche/développement, à la multiplication de filières locales, à la fertilisation croisée d'initiatives, à la pollinisation et à l'essaimage sur la ville de projets duplicables et viables économiquement. Il contribuera aussi à créer de nouveaux récits et de nouveaux imaginaires avec les citoyens de notre ville.

Marseille peut être cette ville qui montre qu'une autre voie que le mirage techno-capitaliste de la smart city est possible avec son accélération perpétuelle et sa distorsion de l'espace-temps dégradant les équilibres écologiques et sociaux. Marseille peut être la ville d'une nouvelle douceur de vivre combinant un temps décéléré et un espace retrouvé par les communs (partie II).

Ce nouveau récit est aussi un contre-récit face à la montée (qui n'a rien d'inexorable) du national-populisme, à la crise identitaire qui frappe de repli et de rejet nos sociétés.

Marseille, ville d'accueil de tant d'exilés à travers son histoire, doit renouer avec sa légende fondatrice (Protis le métèque accueilli les bras ouverts par la princesse Gyptis).

Elle doit être une preuve que l'on peut vivre unis dans notre diversité ; que de nouvelles solidarités peuvent raviver une fraternité universelle évanouie autour de l'égalité réelle (partie III).

Enfin, n'oublions pas que le temps de l'écosystème et de la transformation écologique de notre cité s'inscrit dans le temps long. Le temps court saccage tout. La reconquête du temps long est une exigence capitale. Mettre en cohérence dans le temps et dans l'espace les mesures nécessaires pour faire bifurquer le modèle de production et de consommation est fondamental.

C'est à cette aventure collective que nous vous convions à travers cet ouvrage : comment Marseille peut passer du statut de ville en friches, enlisée dans son glorieux passé, à la ville de tous les possibles. Comment Marseille peut devenir cette ville cosmopolite, sobre, résiliente : la ville méditerranéenne populaire du vivre mieux ensemble.

I

Dépasser l'inertie et changer notre cadre démocratique

Gouverner Marseille est presque un oxymore. Notre cité est éclatée en 111 villages, mal reliés, le pouvoir y est dilué, beaucoup de compétences ont été « éloignées » vers la Métropole, l'administration locale a été dégradée par des décennies d'approche clientélaire.

L'ombre tutélaire des grands monstres qui ont régné sur la cité est encore omniprésente et une partie de la classe politique est tenté par le mimétisme dans l'espoir de durer dans le temps comme l'on fait leurs grands aînés. Ainsi, la phrase de Tancrède dans *Le Guépard* « Il faut que tout change pour que rien ne change » trouve son sens à chaque élection à Marseille.

S'ajoute à cela le fait que le système politique a dégradé par ricochet la citoyenneté et la vitalité démocratique des corps intermédiaires (associations, syndicats...). Pendant longtemps en campagne électorale à Marseille, le citoyen que l'on croisait en lui tendant un tract programmatique ne nous demandait pas « Que proposez-vous pour changer la ville ? » mais « Auriez-vous un emploi ou un logement pour ma mère, mon fils, mon neveu ? ». C'est tout le rapport à la chose publique qui s'en est trouvé affecté. Sans compter la dépendance des associations aux subventions leur empêchant toute autonomie d'action.

Les facteurs de changement sont pourtant là depuis quelques années. D'abord, la population marseillaise change. Marseille gagne depuis quinze ans 10000 habitants environ tous les cinq ans.

Ensuite, l'épuisement des ressources du levier clientélaire a permis l'émergence de collectifs citoyens dans la ville se battant contre le mal-logement, la pollution, le manque de transports collectifs…

Enfin, l'effondrement des immeubles de Noailles a fait sauter la marmite et a produit une vague dégagiste de rupture avec les tenants du système à droite, comme à gauche.

Nous verrons dans cette partie du livre que nous partons de loin avec un lourd héritage en fardeau (chapitre 1), des fractures sociales et territoriales phénoménales (chapitre 2), un potentiel et des atouts énormes si les enjeux métropolitains sont démocratisés et mis au service de l'intérêt général, des habitants et des impératifs de bifurcation écologique (chapitre 3).

Cela passe par une nouvelle donne démocratique pour permettre l'expression optimum des énergies de notre ville en renforçant le pouvoir d'agir des habitants (chapitre 4).

Ce nouveau chemin passe d'abord par l'exemplarité dans l'action publique et la gestion des collectivités tant cette image est dégradée et a été abîmée (chapitre 5).

Enfin, cela passe par le fait de s'attaquer avec force et détermination en expérimentant aux enjeux majeurs pour nos concitoyens qui pourrissent leur quotidien : celui de la propreté et de la tranquillité publique (chapitre 6).

1
Un lourd héritage politique

Marseille a connu un continuum de quatre-vingt-dix ans de clientélisme avec une parenthèse enchantée (l'ère Vigouroux).

Ce système explique en grande partie le retard de la cité phocéenne en matière de transports collectifs, d'équipements de qualité, de logements dignes… En effet, l'enfermement des pauvres dans leur condition sert de rente électorale pour l'arrosage clientélaire.

L'agonie d'un système clientélaire local

La naissance du « système » local remonte à Simon Sabiani, qui, dans les années 1930, en même temps que sa dérive nationaliste puis fasciste va créer, en s'appuyant sur les tristement célèbres Carbone et Spirito, la liaison entre le grand banditisme et le milieu politique et les fondements du clientélisme local.

Le système, insubmersible pendant des décennies, a évolué après-guerre avec Gaston Defferre puis Jean-Claude Gaudin, résistant aux crises économiques, à la décolonisation, aux alternances politiques. Certains l'ont même baptisé le « système G[1] » (Gaston, Gaudin, Guérini...).

Les clientèles ont évolué, mais les ressorts du système sont restés les mêmes avec une porosité entre le monde des affaires, le « milieu » et le monde politique et de petits arrangements entre amis. On prête à l'ancien maire de Toulon, Maurice Arreckx, cette formule lapidaire pour qualifier le clientélisme : « La justice pour tous, les faveurs pour mes amis[2]. »

Cesare Mattina[3] a étudié ce « système de redistribution des biens et services individualisables » par le pouvoir politique en placc avec le retour en « gratitude ou sentiment d'obligation » qu'il obtient. Les demandes privées d'emplois, de logement, d'une place en crèche, d'un permis de construire pour une piscine, une véranda ou un parking, pour obtenir une terrasse pour son bar-restaurant représentent 70 % du courrier du maire épluché par le sociologue dans son travail.

1. *Le système G*, documentaire réalisé par Romain Fiorucci, Fanny Fontan et Frederic Legrand, 13 Prod, 2016.

2. Guillaume Hollard, Cesare Mattina et Gilles Mortreux, « Le clientélisme en 10 questions », *leravi.org*, juin 2005.

3. Mattina Cesare, *Clientélismes urbains. Gouvernement et hégémonie politique à Marseille*, Paris, Les Presses de Sciences Po, 2016.

Ces demandeurs ne sont pas les plus pauvres de la ville, mais « les classes moyennes et petites-moyennes qui y trouvent le carburant de leur ascension et le ciment de leur bloc social ».

Le système s'est adapté. La ressource en logement social s'étant tarie à partir des années 1980, un nouveau levier va être la subvention aux associations.

Le clientélisme s'inscrit dans une relation de confiance de longue durée entre élus et électeurs, fondée sur la reconnaissance pour aide et gratification rendue.

L'héritage clientélaire nous laisse une addition que nous payons encore aujourd'hui avec un nécessaire rattrapage en matière de logements, d'écoles, d'équipements publics dégradés…

La douloureuse

L'héritage clientélaire a aussi laissé des traces extrêmement voyantes dans notre ville, avec un parc ancien privé dans le cœur de ville extrêmement dégradé, des écoles indignes de la République comme l'avait titré *Libération*[1], des équipements sportifs et culturels carencés, une gestion des déchets calamiteuse et un lourd déficit de transports collectifs pour la deuxième ville de France.

1. Stéphanie Harounyan et Marie Piquemal, « Écoles de Marseille : la mairie au pied du mur », *liberation.fr*, 7 février 2016.

Habitat indigne

Trois ans avant les effondrements des immeubles de la rue d'Aubagne, un rapport officiel gouvernemental fait grand bruit. Il s'agit du rapport Nicol publié en mai 2015[1], qui fait état d'un parc immobilier marseillais comportant « un parc privé potentiellement indigne présentant un risque pour la santé ou la sécurité de quelques 100 000 habitants. Il concerne plus de 40 000 logements, soit 13 % du parc de résidences principales, situés pour 70 % d'entre eux dans des copropriétés ».

Ce rapport est le résultat de décennies d'inaction publique et l'effondrement des immeubles en 2018 est en lien direct avec la défaillance totale, dès le repérage, des pouvoirs publics, car ni le nombre d'arrêtés de péril ou d'insalubrité, ni les dispositifs incitatifs n'ont été à la hauteur sous l'ère Gaudin.

C'est également le résultat du déficit structurel de logements sociaux sur le territoire (à Marseille, les disparités sont énormes, avec un taux de 45 % dans les quartiers nord contre 8 % dans le centre) qui ouvre une brèche aux marchands de sommeil profitant de cette carence pour louer très cher leurs appartements délabrés à des locataires démunis et sans autre solution de logement. Ceux-ci n'ont aucun intérêt, ni aucune envie d'effectuer des travaux.

1. Christian Nicol, « La requalification du parc immobilier privé à Marseille », mai 2015.

L'association Un centre-ville pour tous considère également que cette situation résulte de l'invisibilisation des pauvres dans la ville corrélée à un abandon global des précaires par les pouvoirs publics.

C'est donc le fruit d'une dérive systémique d'une « fabrique urbaine très peu planifiée et régulée, où les intérêts fonciers et immobiliers, les arrangements informels, le laisser-faire et enfin les logiques néolibérales se sont étroitement combinées. Ce sont des pratiques d'urbanisation de rente qui ont abouti simultanément à l'abandon des immeubles anciens privés du centre (la « ville qui s'effondre », pauvreté et mal-logement) et à l'essor périphérique de la « ville qui se ferme » (résidences et rues barricadées)[1] ».

En 2020 est créée la Société publique locale d'aménagement d'intérêt national Aix-Marseille-Provence (SPLA-IN AMP), outil essentiel au service de la lutte contre l'habitat indigne. La SPLA-IN a pour objet la réalisation, en multi-partenariat, des opérations notamment de recyclage des immeubles d'habitat dégradé et d'aménagement des espaces

1. Élisabeth Dorier et Julien Dario, « Marseille 2018-2019 : De la crise du logement à la crise humanitaire », Dossier cartographique commenté, en appui au Rapport 2019 du Haut comité au logement des personnes défavorisées, (HCLPD), Aix-Marseille Université, Laboratoire Population environnement développement, 2020.

publics de proximité des îlots ciblés comme prioritaires. Quatre îlots démonstrateurs situé dans les 1er et 3e arrondissement sont ciblés par la société publique d'intérêt national. La SPLA-IN ne s'occupe que des premiers travaux structurels afin de sécuriser les immeubles. Il s'agit d'un dépiquage du foncier dégradé pour les livrer ensuite à des bailleurs sociaux qui pourront les aménager sans risque, ni latence.

Un projet de loi sur l'habitat dégradé sera examiné en 2024 par le Parlement. À Marseille, plusieurs associations et collectifs de lutte contre le mal-logement proposent l'obligation d'accompagnement social et juridique vers un logement adapté, ou encore un « contrôle technique » des habitations pour anticiper leur dégradation.

L'état des écoles

L'état des écoles publiques à Marseille est le principal point noir du bilan du maire Jean-Claude Gaudin lors de son dernier mandat. Salles de classes inondées, plafonds moisis ou troués, chauffage défectueux avec des salles de classe à 13°, effondrement d'une cour d'école, rats à la cantine, présence d'amiante…, la litanie des dysfonctionnements est longue avant 2020. C'est le fruit d'un abandon, d'un scandaleux laisser-faire durant de trop nombreuses années.

Libération fera sa une en 2016 sur le délabrement des écoles de Marseille en titrant : « La honte de la République[1] ».

La nouvelle municipalité fait des écoles et de leur rénovation sa priorité numéro un. Le grand plan de rénovation des écoles marseillaises est présenté en octobre 2021. Ce programme de réhabilitation des 470 écoles de la ville doit permettre d'offrir à tous les enfants des conditions d'apprentissage dignes.

Le plan prévoit :

– la création ou la réhabilitation lourde de 188 établissements scolaires, pilotées par la Société publique des écoles marseillaises, cogérée par l'État et par la Ville de Marseille ;

– la rénovation des autres écoles que la Ville opère en direct.

Pour financer ce grand plan estimé à 1,5 milliard d'euros, le maire Benoît Payan a obtenu un soutien exceptionnel de l'État à hauteur de 400 millions d'euros auquel s'ajoutent 650 millions d'euros en garanties d'emprunt.

1. Stéphanie Harounyan et Marie Piquemal, « Écoles de Marseille : la mairie au pied du mur », 2016, art. cité.

Un sous-équipement sportif et culturel

En 2018, la Cour des comptes[1] pointait du doigt le déficit de la ville de Marseille en piscines municipales. En moyenne en France, il y a 25 m² pour 1 000 habitants en France, contre cinq fois moins à Marseille.

Plus globalement, l'ensemble des équipements sportifs marseillais sont dégradés. En 2023, la nouvelle municipalité a voté un plan de 182 millions d'euros d'investissements à réaliser d'ici à 2026. Dans une ville sous-équipée en matière d'équipements sportifs, il s'agit de créer et de rénover des stades, des gymnases et des parcs de sports ainsi que des piscines bien entendu.

Une gestion des déchets calamiteuse

Dans l'ouvrage *Éboueurs de Marseille*[2], les auteurs décrivent l'incapacité des municipalités successives à gérer la conflictualité et à conduire, sur une base sociale élargie, les négociations sur la modernisation du service public. Ils mettent en évidence la contradiction entre un souci de préservation de la paix

1. « Gestion des équipements sportifs de la ville de Marseille (Bouche-du-Rhône) », Cour des comptes, 13 février 2018.
2. Pierre Godard et André Donzel, *Éboueurs de Marseille, entre luttes syndicales et pratiques municipales*, Paris, Syllepse, 2014.

sociale par le maintien d'une cogestion clientéliste des relations professionnelles et les pressions économiques grandissantes tendant à la dérégulation de l'ensemble de la filière des déchets.

En octobre 2021, Marseille est encore sous les feux de la rampe médiatique. On parle d'écocide, de catastrophe écologique au vu des conséquences des pluies torrentielles qui ont charrié des tonnes de déchets sur les plages et en mer, relançant l'éternel débat sur la propreté de la ville.

La vague de déchets plastique s'échouant sur nos plages par suite d'un épisode météorologique extrême est une honte qui se répète quasiment chaque année. Les conséquences sanitaires et écologiques sont considérables.

Outre une meilleure gestion des déchets, politique qu'il faut revoir de fond en comble autour des 4R (réduction à la source, réutiliser, réparer, recycler et composter), pour éviter de nouvelles catastrophes écologiques, la réalisation d'un réseau d'eaux usées séparatif est une priorité en matière de salubrité publique. Comme la récupération des eaux de pluie en pied d'immeuble. Voilà un projet d'infrastructure à rajouter au plan de rattrapage du grand Marseille.

Un réseau de transports collectifs sous-développé

Marseille souffre enfin d'un retard indigne en matière de transports publics. Relier les quartiers Nord au centre-ville et aux quartiers Est et Sud a toujours été pour la gauche et les écologistes une priorité. De même, les écologistes réclament depuis longtemps un vrai RER métropolitain reliant les grandes villes de la métropole Aubagne-Marseille-Aix-Vitrolles-Martigues…

Ces carences de l'offre de transport public et la saturation du réseau routier sont les gros handicaps structurels de la métropole, minant sa cohésion territoriale. Le recours très majoritaire à la voiture, la faiblesse des modes lourds (deux lignes de métro seulement à Marseille) et plus largement l'inadaptation des transports collectifs métropolitains ont fait de nous dans le paysage national une exception.

La comparaison entre Lyon et Marseille d'ailleurs est terrible : la cité phocéenne ne cumule que 30 kilomètres de tramways et de métro contre 73 dans la cité des Gaules. Le réseau marseillais totalise 83 voyages par an et par habitant contre 237 à Lyon. Le déficit moyen sur les investissements en matière de transport en commun atteint 160 millions d'euros par an en moyenne sur la dernière décennie par rapport au Grand Lyon, soit l'équivalent de 7 kilomètres de tramway par an.

Dès décembre 2020, le président de la Métropole lyonnaise a présenté un plan de transports pour Lyon avec quatre nouvelles lignes de tramway, une nouvelle ligne de métro plus moderne, des bus plus écologiques et un nouveau mode de transport aérien par câble… Au cours du mandat actuel, le Sytral va investir massivement dans le réseau de transport en commun : 2,55 milliards d'euros. C'est le double du plan de mandat précédent pour permettre à toutes et tous de se déplacer un peu partout dans la Métropole de Lyon. Nous sommes loin du manque d'ambition criant du côté de la métropole marseillaise.

La mise en place du groupement d'intérêt public (GIP) dédié aux projets de transports du plan « Marseille en grand » a toutefois permis de planifier les priorités en matière de transports collectifs de notre territoire autour de quinze projets, dont neuf d'envergure à Marseille. Le GIP assure un rééquilibrage nécessaire des territoires.

En plus du terrible déficit d'équipements publics et d'infrastructures et de leur dégradation, le système local a généré d'énormes inégalités et fractures territoriales.

2
Une ville aux inégalités et aux fractures béantes

Dans *Sociologie de Marseille*[1], Michel Péraldi dresse le tableau d'une ville à contre-courant de sa propre légende qui glorifie le mouvement, le brassage des cultures, la ville monde.

Dès les années 1960, Marseille a connu une transformation socio-économique conséquente, notamment symbolisée par le déclin de son port, la désertion des bourgeoisies commerçantes vers Aix et l'abandon des classes populaires par les pouvoirs publics. Michel Péraldi a cette phrase terrible : « Marseille est une étoile économiquement morte dont la lumière continue de briller. »

Les chiffres avant les années 2000 notamment mettent en effet en évidence une ville vidée de ses forces productives et sous perfusion étatique. Restent les pauvres qui singularisent sociologiquement Marseille qui

1. Michel Péraldi, *Sociologie de Marseille*, Paris, La Découverte, 2015.

demeure la dernière ville de l'arc latin avec en son cœur des quartiers restés populaires et non standardisés.

L'écart du revenu médian entre les communes sur l'aire métropolitaine est croissant. Ainsi, le différentiel du potentiel fiscal entre Aix et Marseille est de l'ordre de 1 à 3. Mais Marseille est dans une situation très contrastée avec d'énormes disparités selon les quartiers et où les dynamiques territoriales peuvent connaître des écarts extrêmement importants observables aussi bien dans le domaine des revenus que dans celui de l'accès à l'emploi ou de l'accès à la formation[1].

Comme nous le savons tous, les inégalités sont aussi climatiques. À Marseille, comme ailleurs, ce sont les quartiers sud, plutôt aisés, qui se distinguent avec de nombreux espaces verts privés dans de grandes résidences avec un accès réservé à ces îlots de fraîcheur[2].

Marseille est une ville inégalitaire et fracturée, mais elle possède de formidables atouts. Notre ville dispose d'une situation géographique (entre les deux rives de la Méditerranée) exceptionnelle au cœur de l'arc latin et au débouché du sillon rhodanien. Elle possède aussi un patrimoine naturel

---

1. « Étude sur les disparités socio-spatiales du territoire de la Région PACA », Compas, mai 2012.
2. Lisa Castelly, « À Marseille, les inégalités sont aussi climatiques », *marsactu.fr*, 16 août 2023.

extraordinaire, dotée notamment du premier parc national périurbain d'Europe avec entrée terrestre et maritime ; nous avons la métropole la plus verte de France, avec 80 % de la surface composée d'espaces naturels et agricoles.

L'aire métropolitaine d'Aix-Marseille dispose d'un pôle universitaire et de recherche important, de grandes réserves foncières qu'il faudra mobiliser, d'un tissu associatif très dense. Nous disposons aussi d'infrastructures précieuses, avec le port et de nombreux gisements potentiels d'emplois dormant sur le bassin industriel dans de nouvelles filières industrielles vertes.

Mais la chance de Marseille, c'est d'abord son fléau. Dans les quartiers populaires de Marseille, il y a 100 000 jeunes de moins de 25 ans, qui aujourd'hui sont souvent pas ou peu qualifiés, mais qui demain pourraient être formés aux métiers de la transition écologique. Il y a une énorme marge de progression possible en matière d'investissements privés et création d'emplois. Il y a dans notre ville 10 000 créations d'entreprises par an, mais il manque 60 000 emplois privés. Il manque aussi, même si le plan Marseille en grand commence à rattraper le retard, un programme d'investissement public massif de 10 ou 20 milliards d'euros en matière de rénovation et de solidarité urbaine, de mobilités, de formation…

Idem pour les services et les équipements publics en situation de carence avec un nécessaire rattrapage.

Un des enjeux est de sortir de l'isolement de la ville centre qu'est Marseille en travaillant une vision et un projet métropolitain bénéfiques pour l'ensemble de ce territoire si riche d'atouts.

3
Vers une éco-Métropole polycentrique, autosuffisante et reliée

Notre Métropole n'est pas à la hauteur, ne portant ni vision, ni projet collectif pour accompagner l'écodéveloppement de notre territoire, durement éprouvé par la crise climatique et l'urgence sociale. Il faut reconnaître que gouverner un territoire aussi vaste en assumant des sujets aussi structurants que les transports, l'habitat, l'eau ou encore le développement économique est un pari difficile.

Pour y arriver, la Métropole devrait être une instance au-dessus des querelles politiciennes, entièrement dédiée à la défense de l'intérêt général, de l'équité territoriale et à la transformation radicale de notre territoire autour des enjeux essentiels d'autosuffisance (énergétique/alimentaire) et de relocalisation de notre économie notamment. Cela impose de sortir des affrontements stériles avec telle ou telle commune, pour assumer un rôle de planification et de stratège.

Alors que le gouvernement a missionné Éric Woerth pour plancher sur un big bang de la décentralisation, alors que la loi Paris-Lyon-Marseille qui organise la gouvernance dans les grandes villes est remise sur le métier, il est urgent de se ressaisir de ce sujet, à hauteur de citoyennes et de citoyens et d'un territoire en souffrance.

À côté de la vision libérale-productiviste de la métropole, s'inscrivant dans un monde globalisé et fondée sur la fameuse CAME (compétitivité, attractivité, métropolisation, excellence[1]) méprisant la finitude des ressources, les inégalités, les ravages et les fractures sociales et territoriales que ce modèle génère ; à côté de la vision dite de « clochemerle » de Martine Vassal, d'une Métropole guichet clientélaire aux seuls intérêts des maires, négligeant l'équité et la solidarité territoriale, les impératifs de planification et de transition écologique, une autre vision métropolitaine s'impose : la défense d'une éco-métropole, espace territorial adéquat pour mener à bien la transition écologique sur l'un des territoires les plus pollué d'Europe, les plus impacté face au bouleversement climatique et les plus en déclin économiquement.

1. Olivier Bouba-Olga et Michel Grossetti, « La mythologie CAME (compétitivité, attractivité, métropolisation, excellence) : comment s'en désintoxiquer ? », HAL, 2018.

Notre territoire a le goût du futur et de l'aventure collective. Nous disposons d'atouts pour faire face au défi climatique tant qu'il en est encore temps. Nous pouvons nous appuyer sur un réseau associatif dense, scientifique et entrepreneurial qui vibre du même désir de voir l'écologie être la matrice du changement de notre Métropole. Nous débordons d'énergie, d'expertise citoyenne, de chercheurs, d'imagination et de capacité de création pour inventer la société de demain fondée sur la sobriété, la proximité, la résilience.

Celle-ci doit se forger dans une coalition de projets autour de la transition écologique, la solidarité et l'équilibre territorial portant au cœur la transformation de cet espace territorial fracturé. La Métropole Aix-Marseille doit être une métropole d'usage et de projets devant améliorer le quotidien de ses habitantes et habitants en matière de déplacements, d'accès à l'emploi, à la formation, aux services publics et de qualité de vie.

De vastes chantiers de convergences métropolitaines devrait être lancés à cette échelle avec notamment le fait :

– de viser l'autosuffisance alimentaire à horizon 2040 et en énergie et en eau à l'horizon de 2050 ;

– d'entamer la reconversion de son tissu industriel en pôles d'innovation basés sur les nouvelles filières vertes liées aux centres de recherches universitaires (par exemple création d'un pôle de chimie verte sur l'étang de Berre pour passer à l'après pétrole); – de soutenir une économie innovante socialement et économiquement tout en valorisant les savoir-faire traditionnels et la relocalisation de la production (à l'exemple du projet de reprise collective des Fralib – thé et infusions L'Éléphant – en coopérative) et les circuits courts liant directement producteurs et consommateurs (Amap, épiceries solidaires…) en maintenant des terres agricoles;

– de repenser l'activité portuaire vers des filières commerciales Nord-Sud dans des démarches de commerce équitable et la construction de grands navires à mode de propulsion propre);

– de lancer un grand projet de reboisement massif des collines de Marseille et des environs et de végétalisation des centres-villes;

– de développer les filières d'énergies renouvelables et de rénovation thermique permettant de répondre à la précarité énergétique sur l'aire métropolitaine;

– de développer les transports collectifs sur l'aire métropolitaine en saturation automobile avec la création d'un réseau RER métropolitain performant;

– de rationaliser les équipements collectifs en permettant à tous les citoyens de la métropole d'avoir accès à des équipements sportifs et culturels près de chez eux;

– de travailler sur l'ancrage méditerranéen du territoire en valorisant la richesse populaire et multiculturelle du territoire et en mutualisant les solutions de lutte et d'adaptation au bouleversement climatique ;

– de lutter contre les discriminations, les politiques ségrégationnistes fracturant l'aire métropolitaine, en permettant la création et l'essaimage culturel sur tout le périmètre métropolitain ;

– de réguler le tourisme de masse en développant l'éco-tourisme, le tourisme vert…

Changer la gouvernance métropolitaine

Pour atteindre cet objectif, la question de la gouvernance est essentielle.

Il convient à Marseille, comme cela est le cas pour la métropole du Grand Lyon, d'élire au suffrage universel direct les conseillers métropolitains afin de créer un vrai espace public sur l'aire métropolitaine permettant de confronter des visions et des projets pluriels.

Aussi, plutôt que le Conseil des maires, qui ressemble trop aux vieilles institutions de type IIIe République, il faut créer un bicaméralisme métropolitain avec la mise en place à côté du conseil métropolitain d'une assemblée du futur dans la philosophie de Dominique Bourg pour éviter la tyrannie du court terme et pour penser le long terme et les grands défis contemporains : la mutation écologique et l'adaptation au changement climatique dans le respect de la justice sociale.

Il faut qu'enfin les maires des principales agglomérations de l'aire métropolitaine apprennent à dialoguer dans un esprit d'intérêt général et non de défense de petits intérêts locaux.

Aussi, si le bassin de vie des habitants d'Aix-Marseille embrasse quasiment l'intégralité du département des Bouches-du-Rhône, ce territoire est terriblement morcelé et l'aire métropolitaine présente un double particularisme qui est que la ville centre existe non pas comme source d'attractivité, mais comme repoussoir (personne ne veut payer pour les pauvres, 25 % des Marseillais vivent en effet sous le seuil de pauvreté) et que ce territoire est multipolaire avec l'activité industrielle et portuaire autour de l'étang de Berre, les technopôles dans le pays d'Aix, l'activité artisanale traditionnelle dans le pays d'Aubagne et les grands services et équipements publics à Marseille (hôpitaux, spectacles, stade vélodrome, opéra...).

Faire des choix cohérents

Alors que l'urgence climatique est de plus en plus forte et impactante sur notre territoire, que la pollution crée des ravages sanitaires, notamment autour de l'étang de Berre, la Métropole continue à investir massivement dans le volet routier et à créer de grandes infrastructures routières à l'instar du projet de route XXL Fos-Salon sans penser aux alternatives douces, ferroviaires et fluviales et soutient l'extension de l'aéroport de Marseille Provence à Marignane.

Pour se déplacer demain dans l'ouest de l'étang de Berre, il faut imaginer d'autres modes de transport qu'une liaison routière, aspirateur à voiture et à poids lourds entre Fos et Salon, au coût astronomique de 300 à 500 millions d'euros.

Ce projet, en plus d'accroître la pollution et le trafic routier sur une zone déjà saturée, ne vient qu'accompagner les nouveaux projets de terminaux à conteneurs tandis qu'il nous faut penser la relocalisation de notre économie et une régulation de la mondialisation débridée du commerce mondial de marchandises avec ses effets pervers bien connus (désindustrialisation, menace sur la souveraineté alimentaire, précarisation de la main-d'œuvre logistique travaillant dans les grandes plateformes mordant sur les terres fertiles de la Crau…).

Mener une politique écologiste, c'est en effet faire preuve de cohérence, mais c'est faire preuve aussi de volonté politique. Paris a ainsi baissé de 20 % ses émissions de CO_2 sur dix ans. Copenhague les a réduits de 66 % en trente ans.

L'un des enjeux est de reconnaître et de soutenir les tiers acteurs transitionnels dans leur capacité à assurer des fonctions d'intermédiation, d'expérimentation et de régulation.

D'où l'ambition de la Cité de la transition écologique que la Ville soutient et qui a vocation à permettre l'essaimage d'actions et d'innovation sur l'ensemble du territoire métropolitain. Il convient donc de renforcer un écosystème précurseur favorable et d'accompagner ainsi la mue de Marseille et de notre Métropole pour permettre de positionner notre ville-port sur l'échiquier de la transition écologique méditerranéenne et d'offrir à la jeunesse de nouveaux récits, de nouveaux imaginaires et de nouvelles opportunités d'emplois réconciliant la ville à la nature, la fin du monde et la fin du mois.

Et cela en inventant un nouveau pacte démocratique.

4
Marseille, la ville de la démocratie continue autour de la citoyenneté de résidence

Octavio Paz avait une très belle formule : « La démocratie est une véritable création politique, un ensemble d'idées, d'institutions et de pratiques qui constituent une invention collective [...]. La démocratie n'est pas une superstructure, c'est une création populaire. »

En effet, une démocratie vivante ne se caractérise pas seulement par le pluralisme électoral. Défendre la démocratie locale, c'est renforcer le pouvoir d'agir des habitantes et des habitants en leur offrant un grand nombre de cartes et de cadres pour exercer leur citoyenneté pleinement et activement. C'est aussi créer de nouveaux espaces pour renforcer ce pouvoir d'agir des citoyens avec la mise en place de tables de quartiers, de conseils citoyens, de votations citoyennes, de budgets participatifs, de lieux dédiés à l'éducation populaire...

La crise démocratique que nous traversons est polymorphe. C'est une crise de nos institutions, mais pas seulement. C'est aussi une crise de confiance envers les représentants politiques, une crise morale sur les valeurs de notre République (l'égalité, l'universalisme, la laïcité…) et sur l'érosion de l'intérêt général sapé par la corruption, la collusion public/privé. Cette crise de confiance peut conduire au pire.

Marseille a vécu cette crise démocratique de manière encore plus aiguë qu'ailleurs. Elle a traversé avant la rupture de 2020 des décennies de système clientélaire et affairiste qui a gangrené l'intérêt général, obstrué les espaces de respiration démocratique et les initiatives citoyennes, délité nos services publics locaux, transformé le citoyen en consommateur/quémandeur…

Pour en finir avec l'asphyxie démocratique dont a été victime Marseille, nous avons décidé de créer de réels espaces de démocratie locale, de citoyenneté active, de concertation et de co-élaboration des politiques publiques.

Nous avons mis en place et nous sommes engagés à mettre en place :

– le pluralisme syndical, avec des emplois publics systématiquement recrutés sur concours ;

– la co-élaboration des politiques publiques dans tous les secteurs de politique locale ;

– la critérisation des aides pour soutenir la vie associative avec des fonds dédiés et co-gérés, nous exigerons que l'aide aux communes soit distribuée selon les besoins des populations et non plus selon les connivences politiques ;

– la transparence sur l'attribution des places en crèche et des logements ;

– les budgets participatifs.

Aussi, de nouveaux outils de délibération sont à expérimenter : l'initiative citoyenne, les référendums locaux, les conventions et conférences citoyennes à l'échelle locale...

Souvent, on énonce dans les grands récits de la transition ou de la rupture le monde d'après, la vue du sommet de la montagne. Or, ce qui est essentiel pour avoir l'aval des citoyens, pour les amener vers ce changement, c'est le chemin qui est proposé. Les outils de démocratie évoqués permettent d'ouvrir ce chemin pour la métamorphose de notre cité.

Cela passe demain par :

– la création de véritables conseils de quartier, pour représenter l'ensemble des citoyens avec un budget participatif d'animation et d'équipement ;

– la création d'un atelier populaire d'urbanisme et de commande publique citoyenne et d'un laboratoire de la ville en mouvement, en favorisant la vie de quartier en soutenant les associations qui participent à l'animation locale et la création de lien social ;

– l'introduction de l'usager au cœur de la gestion des services publics avec la création de comités d'usagers et d'un bureau des temps, pour adapter les horaires d'ouverture des services et équipements publics et parcs et jardins aux horaires des habitants.

Il convient aussi demain de :

– mettre en place de véritables outils de contrôle, qui permettent la transparence dans les mécanismes d'attribution de marchés publics, de logements et d'emplois ;

– il est aussi temps de dépasser le concept galvaudé de la citoyenneté, en redonnant toute sa place à l'éducation populaire telle qu'elle fût initialement pensée.

Mais il est aussi essentiel tout en renforçant le pouvoir d'agir des habitants de rendre exemplaire la collectivité publique, notamment quand celle-ci a sacrément failli ces dernières années.

5
L'exemplarité au cœur de l'action publique

Les élues et les élus et l'administration doivent donner l'exemple en donnant le signal d'un engagement ferme sur l'exemplarité sociale et environnementale en tant qu'élue et élu.

L'exemplarité passe d'abord par le fait de se doter d'une politique ambitieuse de commande publique responsable (sociale, environnementale et locale) en :

– favorisant les entreprises locales et en privilégiant les circuits courts, bio, durables et équitables ;

– introduisant des clauses environnementales et l'évaluation des actions en faveur de la protection de l'environnement et de la biodiversité ;

– des clauses sur le logiciel libre pour l'administration et les systèmes informatiques de la ville ;

– introduisant des clauses d'insertion de publics en difficulté ;

– privilégiant l'allotissement pour permettre à de petites structures de postuler ;

– introduisant des critères pédagogiques (visites d'écoliers, permettant de privilégier les entreprises locales et l'impact pédagogique) ;

– favorisant les acomptes pour les petites structures, le respect des délais de paiement (souvent fatal aux petites structures) ;

– créant un comité citoyen d'évaluation de la commande publique garant de l'équité, de la transparence, du respect des cahiers de charges et des paiements.

En matière de finances publiques également, la collectivité doit être irréprochable en bannissant les banques ayant des placements dans les paradis fiscaux, en recourant aux financements éthiques et responsables en intégrant des clauses pour les débiteurs sur des critères environnementaux, sociaux et économiques (emploi local).

Idem pour la gestion des déchets. La Ville doit s'engager à réduire les déchets de la collectivité, avec notamment la suppression des consommables en plastique, la réduction de la consommation de papier, l'utilisation systématique de ressources recyclables et réutilisables, l'identification des lieux prioritaires à traiter, la création d'un pass déchetterie gratuit pour les artisans pour mettre fin aux décharges sauvages de déchets du bâtiment et convention avec la police et la justice pour poursuivre les contrevenants.

Cela passe aussi par :

– la réduction drastique du parc automobile pléthorique de la mairie avec le reclassement des agents (qui seraient très utiles pour le transports des scolaires et des centres aérés lors des sorties culturelles notamment) et la mise à disposition du parc auto de la ville aux opérateurs d'autopartage ;

– la systématisation de l'utilisation des transports publics et doux pour les élues et les élus ;

– la signature de conventions avec les délégataires de service public utilisant des véhicules (collecte déchets, transport public, etc.) pour développer l'écoconduite.

L'exemplarité de la collectivité, c'est aussi la communication régulière des documents demandés par les associations et les administrés et des points d'étape réguliers sur l'avancée et résultats des politiques publiques et des chantiers lancés.

La Ville doit montrer l'exemple également dans la sobriété exigée en matière de fluides (eau/énergie), comme nous l'avons fait avec notre plan de sobriété et de rénovation du bâti municipal (même si le manque de moyens humains et le mur de financement nécessaire est un lourd handicap).

Enfin, la Ville doit mettre en place pour les subventions une critérisation et des éco-conditionnalités dans chaque secteur d'intervention.

La Ville doit être exemplaire dans ses pratiques et ses actions en s'attaquant en priorité à deux urgences du quotidien qui minent la vie des Marseillaises et des Marseillais : la propreté des rues et l'insécurité ressentie et subie.

6
Apaiser la ville par la proximité pour sortir de l'enfer d'une ville sale et non tranquille

La sécurité et la propreté sont deux préoccupations majeures pour les Marseillaises et les Marseillais.

Parfois, un sentiment d'impuissance et de fatalité nous guette. Or il n'y a aucune fatalité. Il est possible d'agir pour rendre notre ville propre et mieux gérer nos déchets et pour apaiser les relations et lutter contre la délinquance et les incivilités.

Marseille ne peut plus vivre sous les ordures !

La gestion des déchets et de la propreté au niveau de la Métropole est calamiteuse.

Les Marseillaises et les Marseillais ne peuvent plus endurer des rues dans un état de saleté que l'on ne retrouve nulle part ailleurs.

Il est temps d'en finir avec cette mauvaise gestion des déchets pointée du doigt à plusieurs reprises par la Chambre régionale des comptes. Marseille produit 40 % de déchets résiduels de plus que les autres grandes métropoles. La valorisation des déchets est deux fois moins importante que dans les autres communes et métropoles de France. Marseille ne dispose que de cinq déchèteries quand il en faudrait une par arrondissement avec de vraies ressourceries. Or les acteurs locaux sont prêts et innovent pour une autre politique des déchets fondés sur leur diminution et la circularité. C'est aux pouvoirs publics d'être à la hauteur pour que notre ville soit enfin propre.

Comme le propose les associations environnementales, l'organisation d'États généraux de la propreté est nécessaire en conviant l'ensemble des acteurs et des collectivités pour sortir de l'impasse dans laquelle nous enferme la Métropole pour bâtir une politique volontariste et écologiste des déchets avec un nouveau dialogue social apaisé autour d'une meilleure gestion du personnel, une formation adaptée à la création de nouvelles filières de valorisation, un recrutement à la hauteur et un management revisité et des perspectives d'évolution professionnelle.

Autre préoccupation majeure des Marseillaises et les Marseillais : le sentiment d'insécurité.

Une ville tranquille et pacifiée par le triptyque : prévention, répression, reconquête de l'espace public

Marseille est victime d'un double paradoxe en matière de délinquance. La cité phocéenne a battu en 2023 le triste record de morts dans des assassinats liés au narcotrafic avec 47 narchomicides. Mais en même temps, en début d'année 2024, la préfète de police a présenté des chiffres encourageants montrant une baisse de la délinquance générale à Marseille.

Dans le centre-ville, les cambriolages ont par exemple baissé de 1 % en 2023, les vols avec violence de 6,4 %, les vols à la tire de 10 % et la délinquance sur la voie publique de 11 %. Tous les indicateurs sont à la baisse – à part les violences intrafamiliales, les agressions sexuelles et les vols sur ou de véhicules.

Ces chiffres sont à comparer au sentiment d'insécurité dans la ville qui bat tous les records. Selon un sondage Ipsos Sopra-Steria paru en 2023, 85 % des personnes interrogées disent éprouver un sentiment d'insécurité à Marseille[1]. Cela est bien plus haut que dans d'autres villes de l'Hexagone ayant souvent de moins bons chiffres en matière de délinquance.

1. Margaid Quioc, « Sondage exclusif. 85 % des Marseillais ne se sentent pas en sécurité dans leur ville, quelle réalité derrière ce chiffre ? », *franceinfo.fr*, 15 décembre 2023.

Ainsi, objectivement, rien ne semble pouvoir justifier un traitement politique et médiatique tendant à faire de Marseille le Chicago des temps modernes, une sorte d'exception ou d'anomalie à la française en matière de délinquance en dehors des morts liés au trafic de drogue. Et pourtant, la sécurité est au cœur de l'agenda politique et des préoccupations des Marseillaises et des Marseillais, avec une surenchère constante de la part des représentants politiques locaux qui nourrit le sentiment d'insécurité.

D'aucuns y voit plutôt, comme l'affirme le chercheur Laurent Mucchielli, une sorte de « miroir grossissant » de réalités humaines et sociales liant inégalités sociales et délinquance.

Pour nous, écologistes, une politique de sécurité doit être un juste équilibre entre prévention, dissuasion et répression.

Marseille figure à la 13e place sur 373 villes de plus de 22 500 habitants de France métropolitaine, des villes subissant le plus de crimes et de délits par habitant. Le risque moyen statistique sur le territoire de Marseille d'être victime d'un crime ou d'un délit est 8,08 %.

Les arrondissements subissant le plus d'actes de délinquance sont dans l'ordre le 1er, 2e et 16e arrondissements.

L'observatoire régional de la délinquance a établi une corrélation entre la petite et moyenne délinquance du quotidien et le niveau des inégalités dans la ville. « Cette délinquance, c'est des pauvres qui volent des riches ou en tout cas des plus riches qu'eux[1]. »

Cela recoupe d'ailleurs aussi la question des trafics de drogue. Cette économie parallèle fonctionne à plein régime dans les territoires abandonnés de la ville et des pouvoirs publics, là où il y a le plus d'échec scolaire, de discriminations socio-spatiales et le moins d'accès à l'emploi légal[2].

Pour mener sa politique de sécurité et de prévention de la délinquance, la Ville de Marseille a créé une Délégation générale adjointe à la sécurité et dispose d'un Conseil local de sécurité et de prévention de la délinquance (CLSPD) avec des relais sur les mairies de secteur.

La Ville inscrit sa politique dans la stratégie nationale de sécurité et de prévention de la délinquance.

La nouvelle équipe municipale a renforcé ses effectifs de policiers municipaux d'une centaine d'agents. Près de 140 médiateurs sociaux ont été également déployés pour assurer des missions de prévention sur les sites balnéaires, aux abords des écoles et dans les quartiers sensibles.

---

1. Laurent Mucchielli, « La délinquance enregistrée par la police nationale sur la ville de Marseille. Essai d'analyse géographique et sociale », Les rapports de recherche de l'ORDCS, n° 11, 2017.
2. Violette Artaud, « Délinquance : "Marseille n'est pas une exception mais un miroir grossissant" », *marsactu.fr*, 27 décembre 2017.

Une Commission de la vie nocturne a également été mise pour gérer les problèmes de tranquillité publique.

Une Maison de la justice et du droit a également été créée. Elle accueille des professionnels du droit et de l'aide aux victimes et ouvrira prochainement ses portes à l'ensemble des justiciables.

Un dispositif partenarial de repérage et de suivi individualisé des mineurs et des familles en situation de prédélinquance ou d'absentéisme mobilise différentes institutions (justice, police, Éducation nationale, Travailleurs sociaux) autour d'une cellule de citoyenneté et de tranquillité publique.

Lors des municipales de 2020, les têtes de liste aux municipales des grandes villes avaient produit un manifeste[1] dans lequel il était rappelé que la politique publique de sûreté dans une ville est d'abord le fruit de la co-production d'un ensemble d'acteurs : police municipale, agents de surveillance de la voie publique, éducateurs, médiateurs, habitants…

Aussi, la politique de tranquillité publique doit articuler différentes politiques publiques : aménagement du territoire, jeunesse, culture, sport, lutte contre les discriminations, santé, lutte contre les nuisances sonores, les déjections

1. « Pour une politique écologique de sécurité », *justice.eelv.fr*, 23 août 2011.

animales, les dépôts sauvages qui participent au cadre de vie et au bon vivre ensemble.

De même, nous insistons pour mener une politique municipale de prévention et de tranquillité publique démocratique s'appuyant sur l'expertise citoyenne avec des marches exploratoires, des diagnostics partagés, des conseils ou jurys citoyens. Autre pilier à renouveler et repenser : les conseils locaux de sécurité et de prévention de la délinquance qui doivent être généralisés, mettant en lien tous les acteurs institutionnels et les habitantes et les habitants.

Grand oublié ces dernières années de politiques de tranquillité publique dans un contexte de surenchère sécuritaire et de militarisation des polices municipales, les éducateurs spécialisés et les médiateurs ont un rôle clé à jouer pour pacifier la cité et diminuer les incivilités.

À la doxa répressive, sans prise sur les facteurs de délinquance, nous opposons une approche préventive, notamment à l'égard des mineurs. Il faut saluer ici le travail réalisé par Zoubida Meguenni, déléguée à la prévention de la délinquance à Marseille, qui a créé la commission des mineurs pour prévenir les conduites à risques.

Il faut aussi éviter de suppléer les carences des moyens de l'État. Celui-ci doit assumer ses responsabilités avec un renforcement des moyens humains, la présence de police nationale sur l'ensemble de la ville en ilotage…

S'appuyer sur cette police de proximité visant à résoudre les conflits plutôt que les exacerber permettra de réduire nécessairement les violences en pacifiant les tensions sociales. C'est ce lien de confiance avec la population qu'il faut rétablir afin de lutter efficacement contre la délinquance.

Nos politiques doivent permettre que chaque citoyenne et citoyen se sente en sécurité grâce à des politiques locales ancrées dans les quartiers autour d'une police garante des libertés et de la paix municipale.

Il convient aussi de s'inspirer de bonnes pratiques venues d'ailleurs à l'instar de ce qu'il se fait à Lyon, où le maire Grégory Doucet a mis en place dès 2020 le dispositif Jeunes en errance sur la place Gabriel-Péri, avec pour objectif la prise en charge de jeunes étrangers/réfugiés en leur prodiguant les premiers soins, de l'aide à l'orientation, un accompagnement en cas d'addictions…

Le maire de Lyon a également mené une campagne de revalorisation du métier de policier de proximité en renforçant les effectifs (78 agents recrutés) et en améliorant la formation et la rémunération des agents.

Il y a quelques années maintenant, la Ville de Paris a expérimenté aussi le théâtre forum pour renouer le dialogue et mettre fin aux incivilités dans les quartiers dits sensibles. C'est le quartier Saint-Blaise dans le 20e arrondissement qui a expérimenté ce dispositif avec la médiation du théâtre de l'opprimé qui a réussi à pacifier par ce dispositif de l'inversion des rôles la relation entre les jeunes et les anciens au pied des tours.

Ce qui est clair, c'est que nous lutterons contre la délinquance et les incivilités qui empoisonnent le quotidien des Marseillais par de la présence humaine renforcée et non par des caméras de surveillance coûteuses et inefficaces.

Haro sur la vidéosurveillance : plus d'humain, moins de caméras

Poussé par les gouvernement successifs, l'équipement en caméras de vidéosurveillance des villes s'est généralisé ces dernières années et cela très souvent au détriment de moyens humains sur le terrain. Sans réels effets sur la délinquance, la vidéosurveillance coûte très cher et mobilise à plein temps des agents qui seraient plus utiles, et plus reconnus dans leur travail, au contact des habitantes et des habitants.

La ville de Marseille a suivi cette course folle à la vidéosurveillance avec 1 600 caméras en 2022, tandis qu'il n'y en avait que 200 implantées en 2013. Ces caméras sont très concentrées sur le centre-ville, où l'on trouve pourtant les taux d'infractions de rue les plus élevés.

Le coût pour la ville de Marseille est considérable malgré le fait que beaucoup de ces caméras ne marchent plus. La Ville a voté en 2024 un programme de 15 millions d'euros d'investissement pour 500 caméras supplémentaires. L'entretien du réseau de caméras s'élève pour la collectivité à plus de 7 millions d'euros par an, qui serait bien plus utile à injecter dans de la présence humaine sur le terrain ou dans la réparation des écoles. L'installation d'une seule caméra s'élève à environ 25 000 euros. Les 500 caméras installées en 2018 ont coûté 46 millions d'euros, soit plus du triple du budget initialement prévu[1].

Pourtant, outre le fait d'être budgétivore, la vidéosurveillance, de rapport scientifique en rapport officiel, se révèle être inefficace. Un récent rapport de la Cour des comptes paru en octobre 2020[2] révèle qu'« aucune corrélation globale n'a été relevée entre l'existence de dispositifs de vidéoprotection et le niveau de la délinquance commise sur la voie publique, ou encore les taux d'élucidation ».

Cela confirme les études plus anciennes réalisées par exemple par Scotland Yard ou par d'autres institutions britanniques dans les années 2010[3].

---

1. « La vidéosurveillance à Marseille », *technopolice.fr*, 2 avril 2022.
2. « Les polices municipales », Cour des comptes, octobre 2020.
3. Émilie Lopes, « Vidéosurveillance : la Grande-Bretagne fait marche arrière », *lagazettedescommunes.com*, 11 février 2015.

Une autre étude récente menée par la gendarmerie de l'Isère, montre que seules 5,87 % des enquêtes élucidées ont bénéficié d'un recours à la vidéo. Sur l'ensemble des enquêtes menées, élucidées ou non, ce pourcentage atteint même 1,1 %.

De surcroît, l'institut de l'aménagement et de l'urbanisme d'Île-de-France a mis en exergue des effets discriminatoires et des biais sociaux stigmatisant certaines catégories « déviantes » (pauvres, réfugiés, personnes racisés…)[1].

Ces rapports n'ont pas empêché la Ville de Marseille de se lancer en 2018 dans l'expérimentation de la vidéosurveillance automatisée ou algorithmique autour d'une expérimentation sur 50 caméras implantées dans la ville.

Le péril liberticide de la surveillance algorithmique

En 2013, nous découvrions l'ampleur du dispositif de surveillance américain de la National Security Agency (NSA) : Edward Snowden révélait l'existence de programmes permettant au service de renseignement américain d'intercepter la plupart des communications transitant par des serveurs hébergés sur son sol, sans

1. « Vidéosurveillance et espaces publics État des lieux des évaluations menées en France et à l'étranger », Institut d'aménagement et d'urbanisme d'Île-de-France, 2008.

qu'aucun juge n'ait à l'autoriser. En réaction, le ministère de la Défense américain répondait que les données interceptées n'étaient consultées que dans un nombre limité de cas, opposant le secret défense à toutes demandes de clarifications supplémentaires. Deux ans plus tard, en 2015, l'idée selon laquelle la surveillance est inoffensive lorsque l'on n'a rien à se reprocher balayait les inquiétudes sur le droit à la vie privée et la France votait la loi renseignement. Avec l'adoption pour les Jeux olympiques (JO) de 2024 de la surveillance algorithmique, les Français deviennent pourtant tous, de fait, des sujets activement surveillés, qu'ils soient ou non suspects. Entre la visite du pape, la coupe du monde de rugby et les JO 2024, Marseille est le laboratoire de ce nouveau dispositif de surveillance de masse en temps réel, inédit en Europe.

Comme Marseille, de nombreuses villes se sont équipées ces dernières années de caméras augmentées. Pourtant, plusieurs études démontrent les effets contre-productifs d'une gestion automatisée, les biais algorithmiques renforçant les discriminations à l'égard de populations considérées a priori comme suspectes. En 2019, sur les 189 algorithmes de reconnaissance faciale les plus utilisés dans le monde, une agence fédérale américaine relevait un taux d'erreur dix à cent fois supérieur pour les personnes noires, amérindiennes ou asiatiques. En 2013 déjà, Edward Snowden alertait sur le risque que des systèmes de surveillance aussi puissants tombent entre des mains moins démocratiques. Alors que le scénario d'une arrivée au pouvoir de l'extrême droite n'est pas exclure, nous devons nous assurer que les garde-fous démocratiques soient assez solides pour que cette surveillance ne devienne pas un outil de contrôle totale de la population.

Autre point clé à résoudre pour apaiser la ville : l'incivilité et la délinquance routière. Marseille tolère trop les dérapages des automobilistes et des deux-roues, qui se garent n'importe où, parfois sur les passages piétons et en double file ou sur les trottoirs.

Il faut mettre le holà à cette tolérance qui génère du stress pour beaucoup de gens : les piétons, les parents avec leurs poussettes, les personnes à mobilité réduite, les cyclistes...

La police nationale et municipale doit être formée et des opérations coups de poing surprise contre l'incivilité routière doivent avoir lieu pour que les comportements des automobilistes changent.

Marseille, pour s'en sortir et éviter son enlisement dans la sinistrose, doit donc au préalable s'attaquer à deux fléaux qui rongent le quotidien de nos concitoyens : la saleté de la ville et le sentiment d'insécurité et de non-tranquillité qui la tourmentent.

Il faut pour cela changer radicalement le cadre démocratique et les pratiques des pouvoirs publics de la cité : travailler à l'émergence d'une métropole de projets autour d'une vision métropolitaine ; s'appuyer sur une démocratie locale vivante, une citoyenneté de résidence respectueuse de tous les habitants et des conseils de quartier et comités d'usagers et avoir une gestion exemplaire de la part des collectivités locales.

C'est ainsi que pourra émerger un autre modèle d'écologie populaire et émancipatrice.

II
Inventer un nouveau modèle urbain autour de l'écologie sociale

Ville du nord de la Méditerranée et du sud de l'Europe, Marseille fait figure d'*outsider* dans le chemin vers la neutralité carbone, vers les villes résilientes. Mais Marseille, du haut de ses 2 600 ans, qui a connu tant d'affronts et d'épreuves douloureuses, a une chance inouïe : les Marseillaises et les Marseillais qui savent, à condition d'avoir un horizon commun porté par ses dirigeants avec ses habitants, s'unir pour ne plus subir.

Cette fierté marseillaise, nous devons la mettre au service d'une forme de transcendance collective pour faire face aux périls majeurs qui menacent l'humanité : le nouvel ordre climatique et la montée du national-populisme nourrit des colères rances ne trouvant plus d'espoir collectif.

Ce désir d'horizon commun s'est concrétisé (certes encore modestement) lors de l'élaboration du contrat de ville climatique, notre feuille de route pour les prochaines années, formalisant les priorités d'action, avec plus de 200 projets d'acteurs du territoire planifiés.

Ce sont alors mobilisés dans une démarche collaborative l'ensemble des acteurs du territoire au sein de huit commissions thématiques réunissant les collectivités locales, le monde scientifique, économique et associatif pour résorber les fractures et préparer notre ville aux défis majeurs qui lui font face.

Notre ville peut être un modèle euro-méditerranéen de résilience, d'une transition solidaire ne pariant pas seulement sur le techno-solutionnisme, mais sur des innovations locales low-tech, embarquant la population en étant vigilante au respect de la justice sociale et du vivant. Ce contrat est le projet d'un territoire qui a su transformer ses vulnérabilités en atouts. Il s'agit maintenant de le concrétiser en le transformant en récit collectif dans le but d'embarquer l'ensemble de la population vers un nouveau modèle de cité populaire et écologique.

Marseille, ville populaire, méditerranéenne, africaine, européenne, peut en effet s'inventer une voie propre et montrer à d'autres villes qu'un chemin est possible pour répondre aux trois urgences qui minent le vivre-ensemble de la cité phocéenne : urgence démocratique, urgence écologique et urgence sociale. Marseille peut devenir une ville pionnière pour la transition écologique, autour d'une écologie populaire, dans l'arc méditerranéen.

Dans les récents travaux universitaires autour des nouveaux récits territoriaux a émergé le concept d'impératif d'habitabilité territoriale[1], qui vise à concilier le bien-être de tous dans le respect des limites planétaires et de la biodiversité. Cela suppose une bifurcation complète de notre modèle économique.

Ce nouveau projet économique repose sur quatre grands piliers :

– une économie de la fonctionnalité qui privilégie l'usage et le partage à la propriété ;

– une économie de la circularité travaillant le cycle des réincarnations matérielles, favorisant le réemploi, la réparation, le recyclage, créant des synergies entre la gestion municipale des déchets et les unités de production artisanale ou industrielle ;

– une économie de la résilience préparant nos économies à des crises sans précédent en coconstruisant un tissu économique et associatif durable capables de résister aux chocs futurs (augmentation brutale des prix du pétrole, rupture des chaînes d'approvisionnement, afflux massif de réfugiés climatiques...) et en soutenant la mise en place de circuit court à l'échelle locale ;

– une économie de la complémentarité fondée sur une coopération régulée entre

1. Olivier Bouba-Olga, « Habitabilité territoriale : comment concilier bien-être de tous et respect des limites planétaires », Fondation Jean-Jaurès, avril 2024.

acteurs publics et privés avec : la municipalisation d'éléments stratégiques de l'économie (réseaux et infrastructures – eau, transport, éclairage public –, centres de conception/production collaborative – *makerspace, fab labs* –, terres agricoles, écoles, mobiliers urbains...) devant permettre à la ville de maîtriser le prix du foncier, d'impulser la transition écologique et d'améliorer la qualité des services publics municipaux ; des partenariats public-privé dans lesquels la ville reste commanditaire et maître d'œuvre ; une orchestration des acteurs publics au service d'une vision municipale : la ville doit garder des marges de manœuvre sur le plan décisionnel et ne pas être dépossédé par la métropole ou l'État de sa souveraineté à décider pour et par elle-même. La ville doit demeurer le rouage démocratique essentiel pour assurer le lien avec les habitants et les acteurs économiques locaux. Enfin, l'échec des zones franches dans les quartiers Nord doit conduire à une révision profonde de ces dispositifs publics/privés, avec la mise en place d'indicateurs de performance sociale et environnementale qui doivent conditionner l'attribution de subventions ou le renouvellement de conventions de partenariats.

Le nouveau modèle urbain, original et singulier que nous vous proposons, est ainsi celui d'une ville archipel (s'appuyant sur ses 111 villages et ses acteurs devant former une constellation au service de la transformation écologique et social) – chapitre 1 – ; d'une ville coopérative (mutualisant ses compétences, trouvant des complémentarités fécondes entre acteurs associatifs, publics, scientifiques et économiques) – chapitre 2 –; d'une ville productive (renouant avec l'emploi diversifié, la petite industrie et l'artisanat au service de la transition écologique de notre cité et de ses propres besoins) – chapitre 3 –; d'une ville visant l'autonomie énergétique et l'autosuffisance alimentaire pour ne plus être dépendante d'un monde en plein chaos et d'une économie globalisé – chapitre 4 –; d'une ville pionnière, innovante, expérimentant de nouveaux chemins – chapitre 5 –; d'une ville nature exploitant à merveille sa situation géographique et son environnement d'exception – chapitre 6.

1
La ville archipel

Marseille doit dépasser ses fractures et ses zones de repli identitaire en créant des ponts où existent des murs, des territoires abandonnés...

Sa typologie en 111 villages, ses fortes identités de quartier doivent servir de levier pour recréer du commun.

Lorsque nous avons pensé les fonctions de la Cité des transitions, celle-ci a été imaginée non comme une cité totem concentré sur un lieu phare, mais comme une cité archipel s'appuyant sur de nombreux pôles décentralisés, ancrés dans les territoires et les outillant pour une transition écologique et solidaire, à l'instar de nouvelles régies de quartier.

La ville archipel que nous défendons aura pour vocation de respecter et de valoriser l'existant, de réduire notre dépendance extraterritoriale, de régénérer notre modèle urbain et économique pour recoudre la ville.

Comme courroie de transmission à cette cité archipel avec une économie relocalisée, la création d'une grande école de recherche et de formation aux métiers de la transition écologique qui permettent aux expérimentations en cours de multiplier leurs effets de levier à l'échelle de la métropole est impératif.

Depuis 2020, nous aidons l'émergence de petites structures de formation aux métiers de la transition : écoles de production EnR pour les énergies renouvelables, école ETRE pour les métiers du vivant et l'éco-construction…

Mais il convient d'investir massivement avec les autres collectivités et l'État dans la formation professionnelle aux métiers du numérique et de la transition écologique en créant dans les quartiers nord de Marseille cette grande école avec cinq pôles de formation :

– audiovisuels et programmation numérique ;

– design industriel, artisanat et objets connectés (machines à commandes numériques, prototypes industriels, ameublement, composants électroniques…) ;

– métiers de la mer et de l'industrie navale (ingénierie marine, réparation et construction navale, rétrofit des navires…) ;

– agriculture urbaine, gestion de la biomasse et chimie verte (permaculture, fermes urbaines, plastiques biodégradables, reconversion d'Arkema…) ;

– urbanisme et architecture (mobilier urbain, urbanisme transitoire et tactique…).

La présence de nombreux acteurs du faire et de la recherche développement représentent une formidable opportunité pour la ville, à condition de la mettre au service d'un développement économique autocentré et de l'innovation, pour faire entrer Marseille dans la transition écologique et solidaire dont elle a besoin. Cette grande école de recherche et de formation aurait ainsi vocation d'alimenter en compétences et en innovations les dix pôles économiques décentralisés qui permettront à notre ville d'atteindre notre objectif de 50 % d'autoproduction en 2050 :

– métiers de l'éducation et de la formation professionnelle ;

– métiers de la santé, du sport et du bien-être ;

– métiers de l'agriculture urbaine et forestières : 4 % de terres agricoles aujourd'hui (autosuffisance en 1945) ;

– métiers de la chimie verte ;

– métiers de la mer : régulation et abandon progressif des bateaux de croisière, construction d'une flotte de transports en commun maritime ;

– métiers de la culture et de l'audiovisuel ;

– métiers de la construction et de la rénovation écologique urbaine ;

– métiers de l'énergie et du transport intelligent : Marseille, capitale du transport doux innovant ;

– métiers de la culture et du tourisme durable : devenir la capitale du slow motion (ralenti) ;

– métiers du commerce équitable et de la solidarité internationale ;

Cette ville archipel, s'appuyant sur une grande école de formation aux métiers de la transition (Le Lagon vert) pour permettre à notre jeunesse de pourvoir les emplois des filières émergentes, est aussi une ville coopérative.

2
La ville coopérative

Le mouvement coopératif n'a pas alimenté que les rêves fous du socialisme utopique de la fin du xixe siècle fondés sur l'association fraternelle et solidaire, voire communautaire, entre producteurs et consommateurs comme remparts aux ravages du capitalisme sauvage.

Il entretient des pans entiers de l'économie française dans le champ de l'économie sociale et solidaire notamment et s'est développé depuis plus d'un siècle dans le monde entier.

Il a plusieurs visages : celui des sociétés coopératives et participatives (Scop) ou des sociétés coopératives d'intérêt collectif (SCIC), avec des entreprises qui appartiennent à leurs salariés ; celui aussi des réseaux de consommateurs et de producteurs, à l'instar des Biocoop ou d'Enercoop ; c'est également des sociétés de microcrédit, qui permettent à ceux à qui on ne prête pas, faute de garantie, de mener à bien leur projet d'utilité sociale et environnementale.

À même vu le jour en Catalogne une « coopérative intégrale » fédérant tout un réseau de coopératives de production, de logement, de consommation et de banque, rassemblé autour d'un projet commun : bâtir « une nouvelle économie basée sur la coopération et les relations de proximité[1] ».

Marseille en communs : vers de nouveaux partenariats public/communs

Les « communs » sont des ressources partagées, gérées collectivement par une communauté qui établit des règles dans le but de préserver et pérenniser ces ressources tout en fournissant aux membres de la communauté la possibilité et le droit de les utiliser, voire, si la communauté le décide, en octroyant ce droit à tous. Ces ressources baptisées « communs » peuvent être naturelles (une forêt, une rivière), matérielles (une machine-outil, unc maison, une centrale électrique, un site culturel) ou immatérielles (une connaissance, des œuvres, un logiciel…).

Les communs constituent, à côté de la propriété publique et privée, une troisième voie

1. Jean-François Dortier, « L'économie coopérative, succès et échecs », *Sciences humaines*, n° 282, juin 2016.

juridique fondée sur l'usage et non l'abusus (droit de disposer de la chose)[1].

L'expérience de l'ex-Asilo de Naples

L'ex-Asilo Filangieri, situé dans un ancien couvent, au cœur du Naples historique, est sûrement l'expérience de commun urbain qui est allé le plus loin en matière d'innovation sociale et juridique mettant au cœur de son modèle la notion « d'usage civique[2] ». Il s'agit d'une expérience unique en Europe d'un commun urbain qui a su passer du rapport de force militant classique, notamment en Italie, – l'occupation illégale d'un lieu culturel – à l'instauration d'une nouvelle catégorie juridique bousculant la sacro-sainte propriété privée, l'usage civique, garantissant l'auto-gestion du lieu et son autonomie vis-à-vis des institutions. Cette expérience originale traduit un vrai « lâcher-prise » des élus et de l'administration locale, avec la mise à l'épreuve des capacités d'organisation des partisans de ce commun, préfigurant une possible relation non instrumentalisée et non frontale avec les autorités locales.

1. Benjamin Coriat, *Le retour des communs. La crise de l'idéologie propriétaire*, Paris, Les Liens qui libèrent, 2015.
2. Benedetta Celati, « À Naples, l'expérimentation de nouveaux modèles administratifs pour relever le défi du municipalisme », *Mouvements*, n° 101, 2020, p. 90-97.

Cette expérience s'est inscrite dans un contexte politique favorable avec la victoire en 2011 à Naples d'une coalition civique autour d'un vrai désir de renouveau démocratique.

L'émergence de cette nouvelle gauche a été un terreau fertile.

C'est ainsi que la communauté de l'Asilo décide d'écrire une déclaration d'usage civique, sorte de constitution de l'espace qui en établit les organes décisionnaires, les différents usages, les modes d'organisation et de régulation, le système économique... La déclaration est rédigée puis reconnue par une délibération municipale. Cette notion d'usage civique existe depuis longtemps en Italie reconnaissant des formes anciennes de propriété collective ou communale pour la gestion de forêts, de rivières, de pâturages...

Dans la foulée de l'expérience napolitaine, un réseau national italien s'est constitué pour pousser à la reconnaissance explicite de l'usage civique dans la loi.

À Naples, dans le sillage de l'Asilo, deux nouvelles institutions ont été créées par la commune : un observatoire des biens communs et une commission d'audit sur la dette et les ressources publiques. On peut dire qu'il y a eu un impact important de l'ex-Asilo sur la façon de gouverner et la capacité à expérimenter.

On ne peut plus penser le développement urbain en créant des quartiers de bureaux comme Euromed l'a trop longtemps fait. Il est fondamental de penser la ville fondée sur la démocratie d'usage qui fait émerger de nouveaux outils d'urbanisme ajoutant de l'agilité à la planification verticale et tendant à adapter la ville aux défis qui viennent, la rendant résiliente.

À Marseille, une expérience originale a lieu dans les quartiers nord de la Ville avec l'aventure tumultueuse de l'Après M.

L'Après M

Tout débute par la grève avec occupation de salariés du McDonald's de Saint-Barthélémy qui embauchera jusqu'à 77 salariés issus des quartiers populaires de la ville. McDo décide toutefois de se débarrasser de ce restaurant, soulevant la levée des habitants du quartier et des salariés. Un collectif d'associations transforme alors le McDo en plateforme d'alimentation solidaire pour les quartiers populaires qu'ils baptisent l'Après M.

En 2020, le confinement mobilise la plateforme qui devient un poumon de solidarité et d'entraide dans les quartiers nord de Marseille, fournissant 1 200 colis hebdomadaires.

L'Après M fait le trait d'union entre la lutte sociale menée par les salariées et les salariés et les habitants pour qui le site de ce McDo est devenu un lieu de rencontres et d'initiatives solidaires (avec la création d'une Union bienveillante d'entraide pour les repas – Uber – solidaires).

Une association de « préfiguration pour un fast-social-food » est créée ainsi qu'une société citoyenne immobilière La part du peuple pour racheter le site et en faire un commun.

La Ville décide alors de racheter le foncier pour que le projet de l'Après M voit le jour.

Le fast-food social se crée et des projets annexes fleurissent: conserverie, micro-méthanisation des bio déchets, solarisation du site, ressourcerie, plateforme d'entraide…

L'organisation basée sur des principes de partage, d'entraide et de bienveillance porte l'ambition de transformer cette plateforme d'entraide en une SCIC.

Au-delà des communs, d'autres outils innovants et accélérateurs de la transition sont à l'étude.

Le revenu de transition écologique pour accompagner la bifurcation du territoire

La Ville de Marseille a lancé la préfiguration du revenu de transition écologique (RTE) sur le territoire marseillais portée par l'association Zoein, animée par l'économiste de renom d'origine marseillaise Sophie Swaton.

Cet outil, couplé à la création d'une coopérative de transition écologique (le Tiers lab des transitions), peut être demain un formidable accélérateur de la transition écologique et solidaire en accompagnant des salariés, des artisans, des entrepreneurs vers des activités plus soutenables sur le plan social et environnemental.

Il pourrait permettre de former par exemple à l'éco-rénovation les artisans du territoire dans une ville où les besoins sont considérables (rénovation des écoles/réhabilitation de l'habitat ancien dégradé du centre-ville…), d'accompagner les paysans qui s'installent pour l'achat du matériel pour qu'ils débutent leur activité ou de former des spécialités de la logistique décarbonée.

Le revenu de transition écologique est aussi un véhicule adapté à l'accompagnement des salariés de l'industrie lourde polluante des grands bassins métropolitains (Fos, Berre, Gardanne, Huveaune) dans le cadre de la reconversion industrielle.

Le RTE est un dispositif comprenant un revenu versé à des personnes physiques en contrepartie d'activités orientées vers l'écologie et l'impact sociétal, sur un modèle coopératif. Les personnes bénéficient aussi d'un accompagnement et d'une mise en réseau. Il repose sur le triptyque :

– un revenu monétaire : l'objectif consiste à donner du sens, dans une dynamique proactive d'installation ou de reconversion dans les métiers de la transition écologique et sociale. Ainsi, le dispositif donne droit à un revenu en soutien direct à une activité de type écologique ou sociale ;

– un dispositif d'accompagnement : ce revenu est complété par un accompagnement sur mesure pour les porteurs de projets, adapté au cas par cas ;

– l'adhésion à une structure démocratique de portage, favorisant le sentiment d'appartenance et la mutualisation des projets avec une gouvernance horizontale.

Un autre projet, porté notamment par ma collègue Aicha Sif et le COMAC à Marseille est prometteur.

La Sécurité sociale de l'alimentation

Cette idée s'inspire de l'instauration tumultueuse du régime général de Sécurité sociale en France en 1946 en mettant le doigt sur l'enjeu crucial qui est le pouvoir citoyen sur les caisses. La démocratisation de notre système agro-alimentaire est donc l'enjeu de cette utopie concrète en marche. La mise en perspective historique nous permet de nous rappeler l'organisation à l'origine très décentralisée – et très efficace – des premières caisses et mutuelles au moment de la naissance de la Sécurité sociale. Cette forme d'organisation décentralisée inspire fortement les promoteurs de la Sécurité sociale de l'alimentation (SSA) avec la mise en place de conseils locaux de l'alimentation composés d'habitantes et d'habitants du territoire qui auront la charge de gérer des caisses locales de l'alimentation à l'échelon communal sous un régime inspiré des « communs ».

Les expérimentations de la SSA fleurissent sur tout le territoire avec la mise en place et l'animation de conseils locaux de l'alimentation à l'échelle de communes ou quartier et de caisses locales de l'alimentation.

Ces sortes de « caisses primaires » de l'alimentation gérées démocratiquement au niveau local devront à terme être articulées à une instance nationale composée de représentants des différentes caisses locales. Les porteurs d'expériences locales sont attachés à cet aspect de construction par la base de ce projet fou reliant à merveille l'urgence sociale avec l'explosion de la précarité alimentaire et la nécessaire bifurcation de notre modèle agro-alimentaire.

Ces expériences locales s'inscrivent donc dans la perspective de mise en œuvre d'une véritable démocratie alimentaire qui aurait pour socle la reconnaissance d'un « droit à l'alimentation pour toutes et tous ».

Ce projet réinterroge la place des institutions qui ont un rôle de facilitatrices au démarrage pour fédérer des initiatives émanant des écosystèmes locaux, mais qui devront avoir un rôle sûrement plus important demain lors de la généralisation d'un système universel de SSA.

La SSA sera aussi la clé de voûte pour l'autosuffisance alimentaire du territoire métropolitain marseillais.

SÉBASTIEN BARLES

Marseille demain sera une ville archipel, coopérative, mais devra aussi être une ville productive.

3
La ville productive

L'innovation des villes et leur attractivité a été vu depuis une quinzaine d'années sous trois angles différents : d'abord celui de la ville créative visant à attirer via un environnement urbain adapté les classes créatives (artistes, informaticiens, scientifiques…) essentielles à la production d'innovations et au développement économique des villes ; ensuite, la Smart City, ou la ville intelligente, est devenu le nouveau paradigme des villes reposant sur le pari de l'intégration des innovations technologiques dans l'ensemble de la fabrique des villes ; une autre vision de la mutation urbaine est territoriale et spatialisée visant la création de systèmes urbains cognitifs dans des quartiers en friche où se mènent des politiques publiques de revitalisation socio-économique et de requalification urbaine « avec pour ambition d'ériger ces quartiers en véritables laboratoires d'expérimentation et de diffusion des innovations technologiques dans la ville[1] ».

Ces modèles urbains sont souvent hors-sol et trop techno-centrés, l'apport des nouvelles technologies n'améliorant pas toujours le bien-être des habitants tout en menaçant parfois ses libertés. De plus, ces modèles accélèrent les phénomènes de gentrification. Et Christine Liefoogue d'ajouter : « Il ne suffit pas de planifier la mixité fonctionnelle et sociale pour qu'émerge un milieu créatif, et les opérations d'urbanisme créent souvent, en matière de ville créative, des coquilles vides[2]. »

Des responsables de collectifs comme la 27e région défendent, comme parade à ces critiques, l'idée de co-production de la ville créative avec les habitants et à hauteur d'enfants. De même, à Marseille, le collectif d'architectes et d'urbanistes, etc. Expérimente de nouveaux modes de production de la ville in situ avec et pour les habitants.

Mais c'est en Espagne, dans le sillage du mouvement des Indignés et avec la naissance de Podemos, que naissent les germes d'une

1. Raphaël Besson, « Les "*Ateneus de Fabricació*" barcelonais et les "*Laboratorios ciudadanos*" madrilènes. Une nouvelle approche de l'innovation urbaine ? », *Géographie, économie, société*, vol. 20, n° 1, 2018, p. 113-141.
2. Christine Liefooghe, « La ville créative : utopie urbaine ou modèle économique ? », *Revue de l'Observatoire des politiques culturelles*, n° 36, 2009.

nouvelle façon de penser la ville pour tous avec les laboratoires citoyens de Madrid et les ateliers de fabrication de Barcelone notamment.

L'innovation urbaine y est pensée en intégrant la question sociale et territoriale. Ces lieux doivent d'abord répondre aux besoins de la population locale.

Nous avons montré l'impasse de nos grands bassins industriels qui génèrent deux tiers des émissions de gaz à effet de serre de la métropole et une bonne part de la pollution de l'air. L'industrie lourde a également laissé (dans les sols pollués notamment) de lourds stigmates à Marseille.

Repenser l'industrie de demain autour de petites unités de production (*makerspaces*) est un impératif pour renouer avec une forme de souveraineté industrielle et sortir de notre dépendance aux marchés asiatiques.

Le niveau d'autosuffisance productive de notre aire métropolitaine n'est que de 4,6 % selon une étude de l'AGAM[1]. Ceci signifie que plus de 95 % de ce que nous consommons sur notre territoire est produit à l'extérieur.

La ville productive veut épouser le vieux slogan « Agir local, penser global » en rompant avec la vision monofonctionnelle et standardisée du développement urbain. La ville

1. « La ville productive », *Regards*, n° 111, Agence d'urbanisme de l'agglomération marseillaise (AGAM), novembre 2021.

productive rapproche de fait lieux de travail, lieux de vie et de production de richesses. L'idée est de développer en milieu urbain dense une hybridation entre des activités de création et de fabrication dans les domaines de la transition écologique et énergétique, des filières émergentes du numérique, des industries créatives, de l'économie sociale et solidaire, de l'économie circulaire et de la ville productive (circuits courts alimentaires, recyclage urbain...).

La ville productive, en s'appuyant sur un réseau d'acteurs spécialisés pouvant offrir des réponses sur-mesure, présente de nombreux avantages : celui de stopper l'artificialisation d'espaces non construits ; de rapprocher les lieux de production, de stockage et de consommation en réduisant drastiquement les flux de marchandises et de travailleurs ; de développer les logiques de circularité (réparation, réemploi, récupération, recyclage, réduction) en limitant la pollution et en préservant les ressources ; de favoriser les créations d'emplois non délocalisables qui pourraient être liées demain à des formations en lien avec les activités développées. Autant d'opportunités de formation et d'emploi offertes pour les décrocheurs scolaires.

La ville productive est donc un formidable outil de résilience économique et de cohésion sociale en renforçant la capacité des villes à fabriquer ce qu'elles consomment et ce dont elles ont réellement besoin. Cela garantit un tissu productif diversifié.

L'AGAM précise bien que la ville productive se distingue de la ville créative, dans le sens où elle « n'a pas seulement pour objectif de construire un environnement urbain favorable à l'attractivité des talents ».

Elle cible comme quartier pouvant expérimenter la ville productive, celui de la Cabucelle-Saint-Louis. Ce quartier situé dans les quartiers nord de Marseille dans l'arrière-port avec ses 15 000 habitants, où plus de la moitié vit sous le seuil de pauvreté avec un taux de chômage d'un tiers des adultes en âge de travailler et de très faible niveau de qualification, pourrait être un laboratoire idéal. Ce fut historiquement un quartier bouillonnant avec ses savonneries, huileries, raffineries, centres de réparation navale, mais aussi ses industries agro-alimentaires, avec comme fleurons Panzani et Saint-Louis Sucre. Les friches industrielles sont nombreuses dans ce quartier longtemps abandonné, mais qui sera demain traversé par le tramway.

Des *fab labs* (laboratoire de fabrication), à l'instar d'Ici Marseille pourraient demain verdir les filières économiques existantes dans les domaines du BTP, de la logistique ou de l'agro-alimentaire.

L'association Amerma travaille sur un modèle de manufacture coopérative low-tech de proximité dédiée à la filière du bâtiment durable. Celle-ci regrouperait des professionnels du réemploi, de la valorisation des ressources issues des travaux de déconstruction, de la rénovation énergétique, écologique, de la rénovation lourde (rétrofit) du parc immobilier dégradé ancien et de l'écoconstruction.

Cet outil pourrait être demain pour la ville un gisement d'emplois énorme avec les lourds chantiers notamment portés par la société des écoles et la SPLA-IN pour l'éradication de l'habitat indigne dans le centre-ville. C'est aussi un moyen de revaloriser les métiers du bâtiment et d'attirer des jeunes sensibles à cette approche intégrée respectant l'environnement.

À Marseille, la Ville doit pousser pour l'émergence d'une dizaine de lieux de production partagée (mises à disposition de machines et autres moyens de production) pilotée par la Ville avec le concours des acteurs économiques.

S'inspirer de Barcelone et de ses « fab labs » et des laboratoires citoyens madrilènes

L'Espagne a pris de l'avance sur la France et sur Marseille en matière d'expérimentations de laboratoires et de fabriques citoyennes s'appuyant sur des savoirs experts et profanes avec pour objectif essentiel la co-production de projets offrant des solutions collectives, créatives et innovantes allant jusqu'à la conception de nouveaux espaces publics, voire d'infrastructures urbaines.

L'expérience de la Fab-City catalane

Face à la crise de 2008 et à l'impuissance des pouvoirs publics à répondre aux énormes problèmes de logement, de santé et d'éducation, les Barcelonais s'auto-organisent autour d'alternatives et de nouvelles pratiques d'innovation sociale. Des collectifs d'habitants ont ainsi développé de nouveaux modes de gestion de l'environnement, de l'alimentation, de l'énergie, de l'économie et de la consommation.

La municipalité de Barcelone a accompagné ce mouvement en lançant un appel à projets pour confier à des collectifs et des associations locales la gestion directe de 19 espaces publics vacants. C'est ainsi qu'ont émergé des projets éducatifs, sportifs, culturels ou d'agriculture urbaine, dans les « dents creuses » de la ville.

Dans cette lignée est né le projet Fab-City qui, fort de l'expérience des *fab labs*, défend la création d'une quinzaine de « micro-usines de proximité » installées dans chaque quartier de Barcelone. Ces usines de proximité, autogérées par les habitants, permettent d'assurer la production et le recyclage de biens et de services, adaptés aux besoins des habitants. Les machines, les matériaux et les ressources humaines des *fab labs* sont adaptés aux spécificités sociales, culturelles et environnementales de chaque quartier concerné. Les théoriciens catalans de la Fab-City l'imaginent comme un ensemble de « laboratoires de fabrication numérique reliés entre eux pour échanger des connaissances et résoudre des problèmes d'éclairage public, d'environnement, d'alimentation, de production énergétique, de transport[1] ».

C'est ainsi que des maisons écologiques en bois sont conçues et réalisées dans ces fabriques. La Fab Lab House est devenue le fleuron de ces nouveaux Athénées de fabrication, reprenant une tradition catalane, celles des Athénées, où étaient formés jadis les personnes sans diplômes afin qu'elles travaillent. Au sein de ces *fab labs*, des liens se tissent avec les chercheurs de l'université, les étudiants, les associations et les entreprises et commerçants du quartier. Le concept d'apprendre en faisant devient vite contagieux.

Raphaël Besson raconte bien comment les outils de prototypage ancrés dans les quartiers et de capacitation citoyenne de la Fab-City catalane ouvrent de nouvelles perspectives autour d'un modèle de ville productive et résiliente.

Les laboratoires citoyens madrilènes

Depuis une décennie, les expériences de transformation de la ville foisonnent également à Madrid, avec de l'urbanisme tactique,

1. Raphaël Besson, « Les "*Ateneus de Fabricació*" barcelonais et les "*Laboratorios ciudadanos*" madrilènes… », 2018, art. cité.

émergent, participatif, collaboratif, temporaire et précaire sur des espaces publics.

Le mouvement des *Indignados* est né de la dénonciation de l'explosion des inégalités sociales et de la déconnexion croissante entre les élites politiques et administratives, et la société civile et la jeunesse qui s'est précarisée et radicalisée. Les assemblées populaires de la Puerta del Sol ont progressivement initié les Madrilènes à la démocratie continue et horizontale et à des modes d'organisation fondés sur l'autogestion et le rêve de « communs urbains ». Et c'est dans ce contexte de bouillonnement politique qu'ont émergé une vingtaine de Laboratorios ciudadanos. Ces espaces d'innovation citoyenne se sont développés dans les lieux vacants de la ville et dans les domaines de l'économie collaborative, du partage, du numérique, de l'écologie urbaine ou de l'urbanisme social.

Ont germé la co-production de projets avec des plateformes numériques contributives, des maquettes urbaines interactives, des kits de collecte et de visualisation de données urbaines…

Ces laboratoires considèrent souvent que l'enjeu pour la ville de demain est moins dans la création de nouvelles grosses et prédatrices infrastructures majeures, mais plus dans la mise en œuvre de processus de fabrication participatifs et créateurs de lien social et de communautés de partage.

La ville a pris sa part dans ce mouvement en créant de nouveaux équipements culturels, à l'instar du Medialab Prado visant la production d'un art collaboratif et croisant avec les sciences, les technologies numériques et les habitants.

Implanté dans le quartier de Las Letras de Madrid, dans une ancienne scierie de 4 000 m^2, le Medialab Prado est considéré comme l'un des centres européens les plus actifs dans le champ des cultures numériques. Placé sous l'autorité de la Ville, ce Medialab se définit comme un « laboratoire citoyen de production, de recherche et de diffusion des cultures numériques[1] ».

Ces expériences espagnoles de communs urbains doivent nous inspirer pour Marseille. Les laboratoires urbains et les *fab labs* renouent avec la revendication d'un égal accès à la ville pour tous, à ses espaces publics, à ses ressources, à ses activités sportives, culturelles, sociales… Ces expériences barcelonaises et madrilènes font écho à la notion de droit à la ville d'Henri Lefebvre[2], qui poursuivait l'objectif de co-production de la fabrique de la ville par l'ensemble des groupes sociaux y résidant. Cette approche

---

1. « Le Medialab Prado de Madrid. Du centre culturel au laboratoire citoyen », *L'Observatoire*, vol. 52, n° 2, 2018, p. 75-78.
2. Henri Lefebvre, *Le droit à la ville*, Paris, Anthropos, 1967.

est soutenue par la maire de Barcelone Ada Colau, qui souhaite « sortir du modèle des *smart cities* », embrassant cet héritage du droit à la ville : « La ville intelligente doit moins s'appuyer sur la diffusion généralisée de capteurs que sur l'intelligence collective de ses habitants. Elle doit constituer une opportunité de faire se rejoindre la technologie et la capacité de décision des gens sur leurs conditions de vie[1]. » Les technologies numériques et les plateformes collaboratives et de *crowdfunding* deviennent ainsi des outils au service de la ville et de ses habitants.

Le soutien public est marginal pour ces nouveaux tiers lieux. Ils bénéficient de subventions lorsqu'ils valorisent des externalités positives à l'instar de la revalorisation *low cost* et low-tech d'espaces publics dégradés ou un accès à tous à une formation ou une offre culturelle ou de loisir. Ce soutien fait aussi l'objet d'une grande prudence de la part des porteurs de projets qui mesurent les risques d'institutionnalisation en matière de dynamique d'autogestion et d'inclusion sociale.

Ces nouvelles dynamiques territoriales doivent toutefois interroger les collectivités dans la nécessaire mutation des pratiques de la planification urbaine et de l'intégration de

1. « CiU y ERC piden a Colau que aclare el modelo de ciudad inteligente de Barcelona », *lavanguardia.com*, 13 septembre 2016.

nouveaux indicateurs mesurant les impacts positifs de ces projets en sortant d'une logique économique et quantitative classique.

Outre l'enjeu de régénérer l'existant, notre ville en friche autour d'un autre modèle économique de ville archipel, coopérative et productive pour répondre à ses propres besoins, réduire notre dépendance énergétique est un autre défi capital.

4
La ville autonome et sobre énergétiquement

La crise énergétique et climatique que nous traversons est la conséquence de notre mode de développement, des choix politiques (ou d'inaction coupable) et des tensions géopolitiques croissantes.

Elle percute avec force les budgets des collectivités locales depuis quelques années.

Cela nous oblige à accélérer les plans de sobriété, d'efficacité énergétique et le développement des énergies renouvelables pour permettre la plus grande autoconsommation sur nos bâtiments municipaux, réduisant de fait notre facture énergétique.

Cependant, et là, c'est souvent une question vitale (avec des gens qui se posent cette terrible question : se chauffer ou manger), la crise énergétique frappe également les ménages sur notre territoire et notamment les locataires les plus précaires du parc social et privé, qui voient leurs charges exploser. Ce n'est pas soutenable socialement.

Garantir aux habitants de notre territoire une énergie abordable, à prix constant, protégé des aléas du marché est un objectif politique de premier ordre en matière de justice sociale alors qu'explose la précarité énergétique en France.

La signature du contrat de ville climatique a été le résultat d'une volonté partagée par les deux collectivités dont vous avez la responsabilité. La démarche est ambitieuse : il s'agit de sortir Marseille, la plus peuplée des villes de la métropole, de sa dépendance aux énergies fossiles en la préparant à affronter les défis posés par le réchauffement climatique.

Notre contrat de ville climatique vise à réduire de 50 % les émissions de gaz à effet de serre sur le territoire de Marseille à horizon 2030, tandis que la facture énergétique globale des Marseillaises et des Marseillais s'élève à près de 2 000 milliards d'euros par an.

Cet objectif ambitieux exige de réaliser rapidement des investissements massifs, publics comme privés, pour déployer notre plan d'action : rénovation énergétique des bâtiments publics et privés, déploiement des réseaux de chaleur et de froid, développement des énergies renouvelables et de l'électromobilité.

Vers un opérateur énergétique public pour piloter la transition du territoire

Cela passe par la création d'un opérateur énergétique public pour réaliser ces investissements avec une société d'économie mixte (SEM) énergies et une SPL énergies, outils complémentaires essentiels pour agir sur la rénovation et la solarisation du patrimoine public pour la SPL et sur les projets du territoire pour la SEM. Cet opérateur énergétique commun sera le gage de la féconde coopération des collectivités locales pour lutter contre le réchauffement climatique et éradiquer la précarité énergétique.

La maîtrise publique de notre politique de transition énergétique garantie via cet outil est une des conditions pour réussir le pari de transformer radicalement notre façon de rénover nos logements, de produire de l'énergie, de nous déplacer, en créant un nouveau modèle fondé sur de nouvelles solidarités énergétiques locales.

L'énergie est un levier puissant pour retrouver le chemin de l'autonomie locale, surtout dans notre ville qui détient le plus fort potentiel d'énergie solaire, le plus fort potentiel de développement des réseaux de froid et de chaud, qui a l'inestimable privilège de pouvoir bénéficier de ce climatiseur naturel qu'est la mer Méditerranée, et où les vents peuvent alimenter en énergie une bonne partie du pays.

Ce couplage d'outils pour une transition énergétique réussie permettra à la SPL d'accélérer la rénovation thermique de nos bâtiments municipaux pour améliorer le confort des usagers et des agents y travaillant en mobilisant les moyens financiers et l'ingénierie nécessaires. À Marseille, pour respecter le décret tertiaire de baisse de 40 % de la consommation énergétique de nos bâtiments de plus de 1 000 m^2 à horizon 2030 et de 50 % à horizon 2040, il nous faut investir chaque année en travaux plus de 30 millions d'euros (et ce jusqu'en 2050), alors que nous sommes sur un rythme de 5 millions d'euros cette année quand Lyon investi 23 millions d'euros.

Aussi, l'idée est de ne plus recommencer ce qui a été fait précédemment par nos prédécesseurs avec des locations de toitures publiques à des opérateurs énergétiques privés dégageant de coquets bénéfices au détriment de la collectivité. C'est ainsi que les opérateurs privés ayant solarisé une soixantaine d'écoles vont réaliser 23 millions d'euros de bénéfices cumulés sur le temps d'exploitation quand la Ville ne percevra que 800 000 euros de loyer !

La SEM Énergie permettra quant à elle d'accompagner, en retrouvant de la maîtrise publique sur les projets hors périmètre du patrimoine municipal, des projets de réseaux de chaleur et de froid, de thalassothermie, de récupération de la chaleur fatale des *data centers*, de centrales photovoltaïques au sol sur des sites dégradés, d'ombrières sur des sites privés… Les bénéfices dégagés seront réinvestis dans des projets d'avenir et de rénovation thermique lourde.

La SEM Énergie permettra également de se positionner pour accompagner les bailleurs sociaux dans leur projet de transition énergétique qu'il convient d'accélérer. Idem pour les grands propriétaires fonciers de la ville : MIN, APHM, GPMM, SNCF, RTM…

Elle aura également pour mission d'inciter et d'accompagner des projets de communautés locales d'énergie (les Amap de l'énergie), afin de créer de nouvelles solidarités énergétiques locales en permettant une réappropriation citoyenne de l'enjeu énergétique.

Il est désormais possible de faire de Marseille une ville à énergie positive, une ville solidaire qui donne plus d'énergie à son environnement qu'elle n'en consomme, une ville qui renoue avec une histoire séculaire, dont l'indépendance, l'autonomie et l'ingéniosité faisaient la fierté.

Vers de nouvelles solidarités énergétiques avec les communautés locales d'énergie

Rénover, développer les énergies renouvelables dans les grands ensembles via de l'autoconsommation collective et la mise en place de communautés énergétiques comme aux Aygalades ou à Frais-Vallon est un devoir impérieux. La crise actuelle nous oblige, et nous prenons notre part, mais elle impose à l'État également le devoir d'accompagner ces lourds et rentables investissements sur l'avenir.

Marseille doit développer également la valorisation de ses biodéchets par des composteurs, mais également sur de grands sites industriels par des micro-méthaniseurs, à l'instar du beau et expérimental projet de micro-méthanisation des terrasses du Port, où 500 tonnes par an de biodéchets seront « micro-méthanisés » sur le toit du centre commercial avec 50 % de déchets provenant des voisins (habitants, commerçants) du quartier de la Joliette.

La Ville de Marseille soutient, dans sa stratégie énergétique, le développement de ces micro-méthaniseurs valorisant une gestion écologique de proximité des biodéchets.

Nous participerons à l'essaimage de ce type d'outils innovants, notamment dans les nouveaux quartiers de la ville, au MIN et sur la cuisine centrale de Pont-de-Vivaux.

L'État doit agir

Face à l'explosion de la précarité énergétique, l'État doit continuer à accompagner les plus modestes via un bouclier tarifaire sur l'électricité et le gaz, l'augmentation du forfait charges relatif aux APL, la mise en place d'un tarif réglementé de l'énergie dans le parc social et d'une taxe spéciale sur les superprofits des grands énergéticiens, afin de financer la transition et les mesures permettant de répondre aux urgences sociales impérieuses.

Quand on voit les bénéfices nets colossaux en 2022 et 2023 des grands groupes pétroliers, on est en droit de réclamer une part taxée et redistribuée.

Enfin, l'État doit sortir du saupoudrage en matière de rénovation énergétique en massifiant la rénovation thermique des bâtiments dans le parc social en priorité, afin de faire baisser durablement les charges énergétiques des locataires, mais aussi de faire face enfin à la crise climatique en la liant à l'urgence sociale.

Au-delà de la question énergétique, Marseille innove dans bien d'autres domaines et peut devenir un grand laboratoire d'innovation au niveau de l'espace public.

5
La ville pionnière et laboratoire

Marseille est une ville singulière avec des identités de quartier forte, mais sans unité urbanistique et avec des infrastructures routières notamment qui ont balafré notre ville, qui offrent cependant des opportunités de reconversion intéressantes.

Marseille doit se doter d'un bureau des désirs urbains pour travailler à des requalifications intégrant l'enjeu climatique et celui du vivre-ensemble.

Mais le poumon de notre cité, ce sont d'abord ses places.

Refaire places communes autour de nos 111 villages

Réinvestir nos places pour en faire des temps de partage, de rencontres intergénérationnelles, de réappropriation face à une voiture qui nous a volé ces espaces communs est un enjeu porté par un collectif d'associations.

Les toits, un levier pour repenser la ville de demain

Souvent, on ne voit pas ce que l'existant nous offre comme possibilité de transformation de nos villes. Or les toits sont un formidable gisements d'usages différenciés adaptés aux impératifs du changement climatique. Se réapproprier nos toits dans un contexte de surdensité de nos villes et de bouleversement climatique est un nouvel horizon à conquérir pour inventer de nouveaux communs désirables.

Marseille dispose d'environ 900 hectares de toits-terrasses selon une récente étude de l'AGAM[1]. Un tiers des toits de la ville sont des toits-terrasses, en effet. Parmi ceux-ci, 20 % appartiennent à des collectivités locales ou à des bailleurs sociaux. Voilà un gisement considérable pour les pouvoirs publics pour construire la ville sur la ville et répondre à la nécessité de construire de nouveaux logements contraints par la zéro artificialisation nette et la nécessité de conserver nos terres nourricières et nos espaces naturels en ville. Ce sont aussi des lieux potentiels de resocialisation, de jeux, de récupération de l'eau de pluie, de solarisation, de végétalisation, de surélévation…

1. Agence d'urbanisme de l'agglomération marseillaise (AGAM), « Les toits, l'avenir des villes a du potentiel », *Regards*, n° 117, décembre 2023.

L'association Marseille solutions organise depuis quelques années, inspiré par la ville de Rotterdam, une initiative baptisée À nous les toits, afin de penser cette réappropriation collective des hauts d'immeubles d'habitation ou de bureaux.

Redécouvrir le foncier aérien et les opportunités offertes par la surélévation, c'est le pari que fait une start-up locale Canupi, qui prône la surélévation comme solution de financement de la rénovation énergétique et globale des copropriétés sur lesquelles elle s'implante.

Cela répond à un défi complexe (celui de la rénovation énergétique au sein de l'habitat collectif) tout en contribuant à la transition écologique et sociale de notre ville sans étaler, ni artificialiser.

Avec des bénéfices pour tous : habitants et générations futures.

Lever les obstacles réglementaires (dans le PLUI notamment) est une priorité pour voir fleurir des projets démonstrateurs sur notre territoire. L'enjeu est là : expérimenter la surélévation tout en rénovant globalement les copropriétés ou les grands ensembles en faisant de la mixité sociale.

La canopée solaire

Alors que l'on voit de plus en plus les espaces naturels, les forêts et les terres fertiles être menacés par des centrales photovoltaïques au sol, à l'instar de la montagne de Lure, le pays de Giono et d'Elzéard, l'homme qui plantait des arbres, l'idée de solariser nos autoroutes urbaines et nos canaux semble couler de source. Cela présente en outre de nombreux co-bénéfices comme la lutte contre le bruit, la pollution, l'évaporation de l'eau, la baisse de la facture énergétique des riverains grâce à l'autoconsommation collective, la récupération des eaux de pluie, l'ouverture de nouvelles coulées vertes suspendues, de passerelles entre des quartiers coupés…

Ce projet, intégrant la question de la justice sociale à celle du défi climatique, doit se réaliser au plus vite.

Marseille est la seule ville en France avec Bordeaux à porter ce type de projet de canopée solaire sur ces 26 kilomètres d'autoroute urbaine afin de produire de l'énergie verte renouvelable locale en évitant l'artificialisation des sols et les atteintes portées à la biodiversité. L'État semble partant, via la DirMed, pour lancer l'expérimentation sur un projet démonstrateur de 2 kilomètres à l'étude.

Aux autoroutes urbaines, il convient pour Marseille de couvrir également les canaux qui irriguent la ville, canal de Marseille et canal de Provence, avec encore une fois un co-bénéfice évident : celui de la réduction de l'évaporation de l'eau – capitale en période de nécessaire sobriété de la ressource et d'obsolescence de notre modèle de château d'eau Durance/Verdon –, tout en permettant la mise en place des projets de communautés locales d'énergie offrant aux habitantes et habitants riverains la possibilité de retrouver de l'autonomie énergétique et du pouvoir de vivre avec une baisse de leurs factures énergétiques.

La société du canal de Provence (SCP) a lancé quelques microprojets d'ombrières solaires. Il convient de réaliser maintenant de vastes linéaires.

La couverture photovoltaïque des canaux et des autoroutes urbaines est une piste pragmatique pour développer l'autonomie énergétique de notre région et empêcher d'autres infrastructures énergétiques d'un autre âge aux impacts et aux risques largement supérieurs.

Autre enjeu de reconversion d'infrastructures : les passerelles routières.

Les jardins suspendus des passerelles Plombières et littoral

Un vrai enjeu urbain pour notre ville est de transformer ces passerelles automobiles aériennes en des coulées vertes, à l'instar de ce qui a été fait à New York avec la High Line sur Manhattan[1] et bientôt à Londres[2] avec la Camden Highline.

La reconversion des passerelles Plombières[3] et Arenc[4] en coulées vertes offrant une vue singulière sur la ville et le Port permettrait de recoudre la ville et de d'apaiser la relation ville-Port tout en limitant la place de la voiture en ville par la réalisation de deux nouveaux espaces publics d'exception offrant aux Marseillaises et aux Marseillais deux lieux de balades originales.

Autre enjeu : la réouverture de nos fleuves côtiers.

1. La High Line connue aussi sous le nom de High Line Park est un parc linéaire urbain suspendu de l'arrondissement de Manhattan à New York, aménagé sur une portion désaffectée d'anciennes voies ferrées aériennes.

2. L'objectif de ce projet lancé en 2022 est de transformer un ancien viaduc ferroviaire en un chemin d'1,2 kilomètre de long et à 8 mètres au-dessus du sol en de multiples espaces verts. Sophie Sager, « La Camden Highline : Londres en pleine coulée verte », *lepetitjournal.com*, 25 janvier 2023.

3. Immonde tablier de béton de 1,2 kilomètre de longueur datant de 1970 et accueillant quotidiennement environ 80 000 véhicules/jour.

4. Ce viaduc datant de 1974 fait une longueur de 850 mètres et offre un vue sublime sur la ville et la rade de Marseille.

Réouvrir nos fleuves et nos rivières pour oxygéner notre ville et mieux comprendre les cycles de l'eau

Marseille est traversée par trois fleuves qui ont été pollués et enfouis sous le béton. L'Huveaune, Caravelle-Aygalades et le Jarret sillonnent les quatre points cardinaux de notre cité. Rouvrir ces cours d'eau pour rafraîchir la ville et retrouver un rapport populaire à l'eau est un enjeu important.

Saluons au passage le formidable travail du collectif des Gammares, qui se bat pour la restauration écologique des Aygalades et « se donne pour mission de prendre soin du ruisseau Caravelle-Aygalades, qui nourrit les territoires depuis Septèmes-les-Vallons jusqu'à Arenc, à Marseille » et a adopté pour devise : « Un ruisseau urbain est un bien commun précieux aussi bien pour les humaines et les humains que pour les espèces non humaines. »

Autre chantier à travailler : la reconversion des grands centres commerciaux en périphérie de la ville.

Des villes nouvelles sur les friches commerciales de La Valentine et de Plan-de-Campagne

Nous devons anticiper la reconversion de grands zones commerciales comme celles de la Valentine ou de Plan-de-Campagne.

Demain, ces zones seront idéales pour mixer des usages : logistique urbaine décarbonée, culture, logement, tiers lieux autour des enjeux de transition.

L'architecte urbaniste marseillaise Corinne Vezzoni a travaillé cette idée[1].

Cette ville laboratoire d'expérimentation est aussi une ville qui renoue avec la nature et s'oriente vers la résilience territoriale.

1. Paul Molga, « Corrine Vezzoni : "L'avenir de l'urbanisme est dans la superposition des usages" », *lesechos.fr*, 25 novembre 2020.

6
La ville pacifiée, résiliente et nature

La nouvelle ville dont nous rêvons tous est d'abord une ville qui a réduit la place de la voiture, le bruit des deux-roues thermiques, qui a permis de résoudre les conflits d'usage lié à l'eau dans une approche de sobriété, qui a végétalisé ses rues, ses cœurs d'îlots, ses places et dont les habitantes et les habitants se sont réappropriés des espaces publics partagés, des refuges climatiques…

Réduire drastiquement la place de la voiture

La ville demain devrait être une ville où la place de la voiture s'est considérablement réduite avec le développement concomitant des transports en commun, de l'autopartage, du covoiturage, des mobilités douces et de la marche dans une ville pacifiée ayant rapproché les fonctions domicile-travail.

L'objectif devrait être pour nous de supprimer demain le stationnement de surface en ville et dans les noyaux villageois sans que la Métropole ne mette ces forêts de potelets, mais en réfléchissant au sein de conseils de quartier actifs au devenir de ces espaces libérés. On pourrait ainsi voir fleurir en ville des micro-espaces de jeu pour les enfants, des potagers urbains, des espaces de rencontre avec du mobilier urbain dédié (bancs, tables, transats…). Les résidents possédant une voiture pour les vacances familiales notamment bénéficieront du tarif résident dans les parkings souterrains qui leur seraient réservés pour éviter que ceux-ci ne servent d'aspirateur à voitures venant de l'extérieur.

La place de la voiture réduite, il nous faut imaginer un partage de la chaussée entre les véhicules de livraison (camionnettes électriques) et les vélos, dont les vélos cargos – la cycle-logistique devant bénéficier d'infrastructures dédiées sur de grands axes menant notamment aux plateformes de logistique décarbonée situées aux portes de la ville (MIN, littoral nord, la Valentine).

Aussi, au-delà de la polémique sur la surtaxation des SUV et pour accompagner socialement la mise en place de la ZFE avec des solutions moins onéreuses et polluantes pour les habitants du territoire pour se déplacer, nous devrions nous lancer très fortement via la Métropole dans la mise en location et en partage (comme pour les vélos) de véhicules intermédiaires et de véhicules de type Lormauto (voitures durables) en partage pour des usages ponctuels d'habitants de la ville et de la métropole.

La Métropole en charge des mobilités devrait développer des plateformes de location et de partage de ces véhicules intermédiaires adaptés à la plupart des usages en ville. Parmi les véhicules intermédiaires proposés, il y aurait :

– les vélos cargos, pour transporter des enfants, des bagages, faire de la cyclo-logistique ;

– les vélos adaptés et handicycles, pour les personnes à mobilité réduite (PMR) ;

– les vélos-voitures, sortes de voitures ultra-légères à pédales ;

– les micro-voitures, voiturettes (voitures électriques sans permis) ou mini-voitures, de un à trois places généralement ;

– ou les rosalies (voitures collectives à pédales) comme celles du parc Borély.

Nous pourrions même projeter une production locale de ces véhicules intermédiaires via une manufacture coopérative « made in Marseille ». Cela créerait de l'emploi local et renforcerait notre autonomie.

À ces véhicules légers, nous devrions également accompagner des projets sur le modèle de Lormauto, qui produit de nouvelles voitures électriques durables en partant du parc automobile existant pour un gain économique et environnemental maximal.

Lormauto modernise et écologise des véhicules déjà dans le parc existant. Ces véhicules rétrofités émettent 66 % de CO_2 en moins par rapport à un véhicule diesel et 47 % d'émissions en moins comparé à la production d'un véhicule électrique neuf.

C'est une solution adéquate pour ne pas jeter 300 millions de véhicules thermiques en circulation en Europe ces prochaines années et de ne plus considérer les voitures comme des biens jetables, mais durables et transformables.

D'où cette production à grande échelle de véhicules légers à faible émission pouvant circuler même au cœur des ZFE.

Pourquoi pas demain réserver également des voies sécurisées à ce type de véhicules (légers, intermédiaires et rétrofités) sur la chaussée en ville et sur les autoroutes urbaines ?

Voilà une mesure qui permettrait d'intégrer une transition juste et solidaire en matière de mobilité en plus du nécessaire développement de notre réseau de transports collectifs et des RER métropolitains.

Adapter notre ville au changement climatique

Une récente étude passionnante commandée par la Ville et la Métropole[1] a eu pour objet de mesurer et d'intégrer les évolutions du climat méditerranéen à horizon 2050 sur le cœur historique de Marseille et de proposer

1. « Marseille 2030-2050 : comment adapter la ville au changement climatique », *inddigo.com*.

un panel de solutions pour un centre-ville résilient et qui pourrait s'adapter dès 2030.

La méthode a croisé diverses expertises : qualité des sols, énergie, propreté, qualité de l'air, l'eau, le rôle du végétal en ville, les stratégies sur les projets urbains et l'habitat… L'approche systémique s'est appliquée pour mieux prendre en compte les problématiques de ruissellement, d'îlots de chaleur urbains, de santé, de solutions fondées sur la nature…

L'étude révèle que Marseille a perdu en soixante-quinze ans 50 % de son patrimoine arboré en ville, que sans mesures volontaristes d'adaptation rapide les sols atteindront en 2050 90° !

Six axes de transition pour réhabiliter et adapter au mieux le cœur historique de Marseille face aux défis climatiques ont été identifiés :

– améliorer la qualité bioclimatique et le confort d'été et d'hiver des rues ;

– révéler un système global pour une présence réfléchie de l'eau ;

– valoriser les services écosystémiques rendus par le végétal en ville ;

– mailler le centre historique d'espaces refuges et de communs (pieds d'immeubles extérieurs, frontages, locaux partagés) ;

– s'appuyer sur les îlots pilotes et démonstrateurs de la SPLA-IN, par des principes de morphologies urbaines et stratégies sur les sols, l'eau, le végétal ;

– accompagner les citoyens dans leurs travaux de réhabilitation.

Les solutions proposées sont souvent simples à mettre en œuvre (à condition de trouver des compromis avec la protection du patrimoine) et sont inspirées de villes de l'autre rive de la Méditerranée.

À Marseille, créer des voies vertes (îlots de fraîcheur réservés aux mobilités douces) en limitant la place de la voiture est un enjeu essentiel. Idem avec le stationnement de surface, dont la suppression permettrait de végétaliser nos rues.

Protéger la ressource en eau et optimiser sa gestion

Le tout récent rapport de la Cour des comptes[1] critique le modèle de gestion quantitative de l'eau de l'État inadapté pour faire face à la crise climatique.

Tandis que les ressources disponibles dans les rivières et les nappes souterraines ont diminué de 14 % en vingt ans et que ce phénomène va s'amplifier, la haute juridiction réclame un « changement de paradigme » et considère que l'« unique solution » est de « réduire les prélèvements ».

Elle recommande en outre de mettre en place une tarification progressive « partout où

1. « La gestion quantitaive de l'eau en période de changement climatique », Cour des comptes, 17 juillet 2023.

cela est possible pour inciter les gros consommateurs à modifier leurs comportements ». Cette tarification progressive devrait aussi s'appliquer aux prélèvements destinés à l'irrigation, « qui ont plus que doublé en une décennie ».

Autre recommandation essentielle prônée par la haute juridiction : la lutte contre les fuites dans le réseau. En effet, un litre sur cinq s'échappe des canalisations en France, soit « la consommation annuelle d'environ 18 millions d'habitants ».

Ce rapport démontre que, face à la rareté de la ressource en eau et face au péril climatique, les solutions sont publiques et démocratiques !

Le Grand Lyon a voté récemment[1] la tarification solidaire de l'eau de la Métropole de Lyon qui entrera en vigueur en 2025, permettant aux premiers m3 d'eau d'être gratuits pour tous et de doubler les factures des gros consommateurs (au-delà de 180 m3 par an).

La mesure a été rendue possible par le passage en régie publique après l'abandon de la délégation de service public avec Veolia.

L'Assemblée marseillaise citoyenne du futur qui a travaillé sur les conflits d'usage liés à l'eau a évoqué cette tarification progressive, le retour en régie de la gestion de l'eau et de l'assainissement et l'interdiction de certains

1. Rodolphe Koller, « Vers une nouvelle tarification de l'eau à Lyon en 2025 : quel impact sur votre facture ? », *tribunedelyon.fr*, 28 février 2024.

usages, comme les golfs et les piscines individuelles face à la multiplication des épisodes de sécheresse.

Nous avons esquissé un nouveau modèle économique et urbain pour une ville qui doit aussi se réinventer dans les solidarités à mettre en œuvre et la manière de vivre ensemble pacifiquement.

III
Tisser de nouveaux liens, mobiliser de nouveaux moyens, résister au repli identitaire

Le premier défi pour recoudre la ville est de s'attaquer enfin à la situation de quasi-apartheid dont sont victimes les quartiers populaires de Marseille, abandonnés depuis des décennies par l'État et les collectivités locales ne s'en servant que de levier clientélaire (chapitre 1). Changer la ville, c'est reprendre la main dans la relation ville/Port (chapitre 2) et participer à la transformation de ce territoire littoral si précieux, mais aussi en finir avec un tourisme de masse toxique pour les habitants (chapitre 3), trouver de nouvelles ressources financières pour financer la transition et les politiques de solidarité et d'égalité urbaine (chapitre 4).

Enfin, notre ville servant trop souvent de cobaye pour les apôtres de l'extrême droite doit s'inventer une nouvelle ambition dans sa relation privilégiée, autour de ses diasporas, avec l'Afrique (chapitre 5) et bâtir un contre-modèle cosmopolite au récit identitaire dominant (chapitre 6).

1
La ville solidaire qui prend soin de tous ses habitants

Un quart des Marseillaises et des Marseillais vit sous le seuil de pauvreté et les inégalités territoriales dans la cité phocéenne sont abyssales. L'un des enjeux majeurs est donc de remettre de l'égalité réelle dans la ville en compensant l'abandon des quartiers populaires et en les sortant de l'enfer des trafics de drogue. Autre chantier majeur : celui de la lutte contre l'habitat indigne et de l'urbanisme, qui doit être pensé au service des habitants et à l'aune du bouleversement climatique.

Pour des États généraux des quartiers populaires et l'expérimentation de la légalisation du cannabis

Les quartiers populaires de Marseille, gangrenés par les trafics, la terreur et la violence, payent le prix fort de leur abandon depuis des décennies par la puissance publique.

J'ai marché à plusieurs reprises aux côtés des familles de victimes d'assassinats et des associations qui militent au quotidien dans ces quartiers pour faire valoir les idéaux républicains de justice et d'égalité réelle et défendent le droit à la vie, à la tranquillité publique et à un avenir émancipateur pour toutes et tous, notamment pour la jeunesse, première victime du délaissement des quartiers populaires à Marseille.

L'État doit réagir face à cet état d'urgence et à la colère des habitantes et des habitants en apportant des réponses, différentes d'opérations de communication sans lendemain dites « places nettes », mais de long terme face à la ségrégation urbaine, à la crise du logement, au manque de transports collectifs, de services publics, de formation et d'emploi.

Un préalable s'impose : mettre fin aux politiques prohibitionnistes concernant l'usage des drogues qui, comme l'a rappelé un récent rapport parlementaire[1], exacerbent la violence, les trafics et creusent les inégalités et les fractures territoriales.

Des États généraux doivent être organisés avec l'ensemble des acteurs institutionnels et associatifs des quartiers populaires pour donner plus de moyens pour nos quartiers populaires :

– en renforçant les moyens de justice pour lutter contre le narcotrafic ;

1. « Rapport d'étape sur le canabis récréatif », *assemblee-nationale.fr*.

– en expérimentant de nouvelles politiques d'égalité réelle et des dispositifs de formation, d'éducation, d'accès à l'emploi, en structurant des filières nouvelles.

La prohibition tue et sanctuarise en effet les trafics dans les quartiers populaires.

La légalisation du cannabis (dont le marché compte 6 millions d'usagers en France) permettrait de faire baisser le trafic, de diminuer fortement la lutte armée entre les trafiquants et de mener une politique de santé publique et de prévention des risques digne de ce nom tout en dégageant de l'argent pour financer les nouvelles politiques de solidarité urbaine. C'est impératif pour la paix dans les quartiers, pour nos enfants, leurs vies, leur avenir et leur santé.

Si les collectivités doivent prendre leur part, c'est d'abord à l'État d'agir en donnant plus de moyens pour nos quartiers et en réinterrogeant les politiques de rénovation urbaine.

À ce niveau-là, la transition écologique est une chance pour retisser du lien social (avec des structures de formation, de sensibilisation, de liaison producteurs-consommateurs pouvant s'installer dans les pieds d'immeubles vacants des cités), redonner de l'espoir aux quartiers populaires en créant des emplois non délocalisables dans des filières d'avenir permettant de concilier l'ambition de justice sociale avec celle de répondre au défi climatique.

L'État doit accompagner la Ville dans la mère des batailles en matière d'écologie et de défense du pouvoir d'achat : celle de la rénovation énergétique des logements et d'abord du parc social et des ménages les plus précaires. Des milliers d'emplois pourraient être créés par une massification d'une politique sociale de rénovation thermique des bâtiments.

Le mal-logement est en effet un fléau qu'il convient d'éradiquer à Marseille.

Sortir notre ville de l'habitat indigne et de la crise du logement

Après des années d'abandon et d'inaction sous l'ère Gaudin avec le règne des promoteurs qui ont fait main basse sur la ville de Marseille, la nouvelle équipe municipale de Marseille tente de mettre en place une nouvelle fabrique concertée de la Ville en pensant la ville de demain, afin de produire des logements pour tous, de lutter contre l'habitat indigne en réhabilitant l'ancien et d'apporter des réponses aux plus précaires, aux étudiants et aux seniors.

Il est temps que nous nous mobilisions tous (État, collectivités, acteurs du logement et habitants) pour produire plus, mieux et autrement des logements dans notre ville face aux impératifs d'urgence sociale et d'urgence climatique.

Pour répondre à la crise du logement, il faut rompre avec les pratiques héritées du vieux monde et une approche comptable et quantitative et construire durablement la ville sur la ville en préservant le foncier non artificialisé, en réutilisant les eaux grises, en végétalisant, en désimperméabilisant, en créant des îlots de fraîcheur, en développant les filières d'éco-construction et d'éco-rénovation…

Saluons en ce sens le travail coordonné par Mathilde Chaboche pour l'élaboration d'une charte co-élaborée avec les professionnels de la construction durable à Marseille et la création de la Cité de la transition fédérant l'ensemble des acteurs locaux.

Lors des États généraux du logement trois grands enjeux ont été évoqué :

– l'accélération de la production de logements sociaux ;

– une loi pour renforcer la lutte contre les marchands de sommeil ;

– l'encadrement des loyers et la régulation des meublés Airbnb.

Il faut cesser également dans les programmes Agence nationale pour la rénovation urbaine (Anru) notamment de déconstruire/reconstruire, massifier la rénovation énergétique des logements du parc social et des copropriétés en structurant les filières et l'approvisionnement des matériaux biosourcés, en formant les artisans locaux et développer les énergies renouvelables, les réseaux de chaleur, de thalassothermie et les communautés locales d'énergie.

Concernant les logements sociaux, nous devons développer les programmes sur l'ensemble des opérations immobilières et appliquer la loi SRU sur chacun des arrondissements afin de recoudre notre ville.

Laisser la place aussi à l'expérimentation autour de projets innovants d'habitat participatif, partagé et intergénérationnel avec des publics mixtes et des espaces partagés intégrant l'enjeu de la sobriété foncière.

Enfin, il convient pour ne pas toucher au vivant de systématiser la réhabilitation et le recyclage urbain et de lutter contre la vacance des logements – il y a plus de 40 000 logements vacants à Marseille, la réquisition doit être un levier d'action pour répondre à la crise. C'est un impératif. Il faut aussi penser la reconversion de sites publics vacants à l'instar des casernes de l'État à Marseille, qui offrent un beau potentiel de mixité urbaine multi-usages et activités. Idem pour les friches commerciales, comme cela a déjà été dit.

Une idée originale a germé également : la création d'une coopérative de type SCIC réunissant des syndics, dont notamment les nombreux syndics bénévoles, afin de mieux intégrer dans les copropriétés les impératifs écologiques liés au bâtiment, aux consommations énergétiques et de flux tout en développant des systèmes locaux coopératifs, à l'instar de systèmes d'échanges locaux (SEL) de services…

Outre le mal-logement et les problèmes structurels des immeubles, Marseille concentre un grand nombre de personnes vivant dans des passoires énergétiques et des bouilloires thermiques.

Marseille, fer de lance de la lutte contre la précarité énergétique

Avec l'accroissement de la précarité, la mauvaise qualité énergétique de millions de logements en France et l'augmentation des coûts de l'énergie, de plus en plus de ménages n'ont pas les moyens de se chauffer correctement, ou se ruinent pour le faire, avec de graves conséquences sur leur santé et leur budget. Au carrefour des enjeux sociaux et écologiques, la précarité énergétique est une forme de mal-logement qui touche 12 millions de personnes en France.

Pour sa part, la Ville de Marseille a lancé en 2023 deux initiatives importantes dans cette lutte contre la précarité énergétique. Tout d'abord, à la suite d'un appel à projet qu'elle a lancé, elle a décidé de subventionner cinq associations pour la mise en place sur le territoire marseillais d'un SLIME qui est la mise en place d'un dispositif de repérage, de prévention et d'orientation des ménages en situation de précarité énergétique, notamment les familles monoparentales.

Ensuite, en lien avec le collectif national Stop exclusion energétique, une alliance locale en 2022, et à la suite de sa réponse à un appel à projet, la Ville a lancé un programme d'expérimentation d'un « territoire zéro exclusion energétique » (TZEE) en accompagnant en trois ans dans un quartier ciblé (Les Chartreux) 280 ménages modestes de propriétaires occupants à la réhabilitation énergétique de leur logement.

Ce programme de massification de la rénovation thermique globale va nous permettre de répondre aussi aux enjeux de la formation des professionnels et à celui de l'approvisionnement logistique en ville aux matériaux biosourcés locaux en expérimentant des solutions locales adaptées.

La ZFE ou comment faire fausse route en oubliant la justice sociale

Pour nous élues et élus écologistes, justice sociale et environnementale doivent être intimement liées selon la fameuse formule de relation « fin du monde/fin du mois ».

Aussi, dans un contexte de crise sociale et écologique aiguë, les ZFE mal accompagnées socialement par l'État et certaines métropoles, dont celle d'Aix-Marseille, desservent ses objectifs affichés : la lutte contre la pollution et la réduction de la place de la voiture en ville.

Les élus et les écologistes des grandes métropoles continuent d'exiger des ZFE accompagnées de mesures sociales et d'un volet maritime s'attaquant également aux navires les plus polluant pour les villes portuaires, autre source majeure de pollution.

L'objectif est d'accompagner au mieux socialement et d'inciter les résidents de la zone et les non-résidents vers un changement dans leurs habitudes de déplacement, avec un encouragement à pratiquer la marche, le vélo, les transports en commun, le covoiturage, l'autopartage avec tarification sociale et, pour celles et ceux qui ne peuvent faire autrement, une aide au remplacement de leur véhicules (comme pour les artisans et autres professionnels).

Nous souhaitons aussi combiner zones à trafic limité (ZTL) et ZFE.

En effet, les ZTL (modèle italien ayant permis aux villes de limiter la place de la voiture en ville), plus restreintes en matière de périmètre et dans lesquelles seuls des véhicules autorisés (résidents, commerçants, personnes handicapées) peuvent pénétrer et circuler, semblent être mieux acceptées socialement et adaptées à la typologie spatiale marseillaise, ville aux 111 noyaux villageois. La ZTL est un moyen pragmatique et simple d'apaiser et de pacifier la ville afin de toutes et tous mieux respirer.

Enfin, il convient d'accélérer, face à l'emballement du bouleversement climatique, les mesures de transformation écologique de la ville afin de l'apaiser et de l'adapter à la nouvelle donne climatique en :

– développant une logistique décarbonée ;

– en créant des « zones 30 », des zones de partage, des zones piétonnes ;

– en libérant la place de la voiture, en allant jusqu'à créer des voies et axes dédiés exclusivement aux mobilités douces (vélo, marche, trottinettes) sur des voies végétalisées ;

– en révisant le plan de circulation et en adoptant par exemple la technique des voies de circulation en marguerite, pour éviter le transit inter-quartiers ;

– en supprimant enfin progressivement le stationnement de surface pour envoyer la voiture individuelle hors de la ville et dans les parkings souterrains sous-utilisés par les résidents.

Pour bâtir une ville écologique et solidaire, l'urbanisme est aussi un enjeu majeur.

Réinventer un urbanisme au service des habitants et des projets émergents

Patrick Bouchain, le grand urbaniste avant-gardiste connaissant bien Marseille, a l'habitude de dire « construire, c'est réunir », théorisant même une architecture de haute qualité humaine. Le champ de la proximité reste en effet aujourd'hui un concept à s'approprier.

Ville du quart d'heure, ville intense, ville des proximités, ville des courtes distances… Dans le même temps, de nouveaux lieux apparaissent portés par le mouvement des tiers lieux et s'affirment progressivement dans une réponse aux besoins du quotidien.

La manière de penser la ville doit être réinterrogée en évitant le *greenwashing* et la reproduction de schémas obsolètes d'aménagement urbain.

L'éviction des 8 Pillards ou les limites de l'urbanisme transitoire

Le projet des 8 Pillards est de créer un « commun urbain » dans l'usine Pillard à Marseille au cœur du quartier populaire de Bon Secours (14e). Toutefois, cette expérience risque de s'achever prochainement avec l'éviction du collectif pour un projet d'aménagement plus classique témoignant d'une impasse de l'urbanisme transitoire qui offre à des tiers acteurs, via des baux d'occupation temporaire, une parenthèse enchantée pour inventer d'autres possibles, mais qui reproduit au final les mêmes travers que l'aménagement classique au service de l'économie dominante, balayant les expériences d'une économie fondée sur le partage, la circularité, le lien, la coopération, la complémentarité des acteurs et des publics, la résilience permettant d'anticiper et d'amortir les chocs qui arrivent.

Les 8 Pillards, c'est un laboratoire urbain fondé sur une communauté de travail réunissant des artistes, des associations, des artisans, des urbanistes, des architectes…, qui expérimentent depuis des années des pratiques urbaines en réponse aux défis environnementaux et en témoignant de manière plurielle de ce que signifie aujourd'hui être artiste, artisan ou architecte dans un monde en mutation.

Ils ont préfiguré, depuis leur installation dans l'usine, de nouvelles façons d'habiter les friches industrielles, en les réhabilitant de façon responsable, inventive et ouverte sur l'extérieur en intégrant les impératifs liés au bouleversement climatique et à l'effondrement du vivant.

Face à la menace pesant sur eux, ils posent cette question « Y a-t-il de la place pour d'autres que les promoteurs immobiliers pour décider du visage que doit avoir notre ville ? ».

En effet, un sursaut doit se produire pour que nous inventions avec les acteurs qui imaginent de nouvelles façons de fabriquer la ville un autre modèle de mise à disposition et de valorisation du foncier lié à notre héritage industriel.

Un autre enjeu central pour Marseille est l'avenir de son grand port maritime.

2
Une nouvelle relation Ville-port

Le port de Marseille géré par le Grand port maritime de Marseille (GPMM) est une ville dans la ville occupant 400 hectares de front de mer aux enjeux capitaux pour la transformation de Marseille.

Le port reste un poumon économique pour la ville employant sur son ensemble (bassins est et ouest) 42 600 salariés.

Face à la crise écologique et aux ravages sanitaires de la pollution maritime qui tuerait chaque année prématurément 60 000 personnes en Europe, selon une étude de l'université de Rostock, pour un coût social de 58 milliards d'euros[1], il est en effet nécessaire d'imposer aux armateurs l'utilisation de carburants réellement plus propres et moins destructeurs du milieu marin, sans aucune dérogation

1. Augustin Langlade, « Pollution : le transport maritime entraîne plus de 60 000 décès par an », *lareleveetlapeste.fr*, 27 janvier 2020.

autorisant les transferts de pollution de l'air directement à la mer.

La bifurcation écologique du secteur maritime est cruciale pour faire face au double défi sanitaire et climatique. À Marseille, comme ailleurs.

La pollution maritime, c'est plus d'un tiers de la pollution de l'air à Marseille (la moitié pour les oxydes d'azote[1]).

Il est donc nécessaire d'imposer aux armateurs l'utilisation de mode de propulsion alternatif à l'énergie fossile.

On peut regretter que les pouvoirs publics investissent massivement dans l'électrification des quais pour le raccordement des navires qui continuent à polluer massivement en mer.

Cette électrification devrait se faire sur le principe de l'émetteur-pollueur/payeur et donc sur contributions exclusives des armateurs et des compagnies maritimes.

L'une des priorités est clairement l'électrification des formes et des activités de réparation navale sur notre port qui génère de l'emploi et participe à la reconversion écologique des navires. Notre port pourrait être leader d'une filière d'excellence de rétrofit des navires en ce sens.

Notre contrat de ville climatique comporte par ailleurs de nombreux projets liés aux

1. Gabrielle Trottmann, « Les navires sont-ils responsables de la moitié de la pollution de l'air ? », *franceinfo.fr*, 6 février 2024.

énergies renouvelables marines : éolien offshore, énergie houlomotrice… On pourrait imaginer un projet expérimental d'énergie houlomotrice sur la digue du Large ou au Frioul.

Enfin, et au-delà de la transition et de la décarbonation des activités de notre port, il faut dialoguer avec les acteurs maritimes et les sociétés civiles des grands ports méditerranéens pour bâtir ensemble un scénario de sortie progressive du croisiérisme et de ses ravages, en commençant par limiter le nombre et la taille des navires dans les ports méditerranéens ; en allant aussi plus loin en matière de réglementation au niveau de l'Organisation maritime internationale (OMI) en demandant la création d'une zone émission Control Area contre les oxydes d'azote (NECA) limitant également à la fois les émissions d'oxyde de soufre et d'azote et l'interdiction pure et simple des scrubbers (lavages-épuration) en Méditerranée, qui ne permettent qu'un transfert aberrant de la pollution de l'air vers la mer, avec des ravages pour l'écosystème marin si fragile.

Il faut aussi pousser le gouvernement pour élargir la ZFE au domaine maritime. C'est une question de justice sociale.

Un autre enjeu lié au port est celui de l'accès des Marseillaises et des Marseillais à l'espace public littoral.

Trois sites sont à fort enjeux pour nous :

– la digue du Large qui, longue de 7 kilomètres offrant un point de vue magnifique sur la rade de Marseille, doit redevenir un espace public partagé accessible à l'ensemble des Marseillais par petites navettes maritimes depuis le parvis du Mucem. On pourrait imaginer des expositions sur cette longue balade, des parcours didactiques et ludiques sur l'histoire de notre ville, la richesse de la rade de Marseille en matière de biodiversité, les mémoires immigrées, un lieu de résidence pour les artistes en exil sur le site de la Maison de la compagnie Paquet... ;

– le quai de la lave qui doit être aménagé pour permettre de relier à pied et à vélo l'Estaque à la plage de Corbière. Sur cette longue friche pourrait cohabiter un tiers lieu maritime, un centre de formation aux métiers de la mer, un centre de réparation navale solidaire, de rétrofit de pointus et barquettes en électrique, un espace de bateau-partage... ;

– l'esplanade du J4 où se situe le Mucem et la grotte Cosquer, qui risque d'être partiellement occupée pour du croisiérisme de luxe et du yachting. Il faut absolument que cet espace public reste un parvis ouvert à tous.

Parmi les activités portuaires les plus impactantes en matière de pollution, le croisiérisme tient la corde et doit réinterroger le modèle touristique que doit défendre la cité phocéenne.

3
Passer d'un tourisme de masse prédateur pour la ville à une ville hospitalière, régulant le tourisme et ses ravages

> « Marseille n'est pas une ville pour touristes. Il n'y a rien à voir. Sa beauté ne se photographie pas. Elle se partage. Ici il faut prendre parti. Se passionner. Être pour, être contre. Être violemment. Alors seulement ce qui est à voir se donne à voir. Et là, trop tard, on est en plein drame. Un drame antique où le héros c'est la mort. À Marseille, même pour perdre il faut savoir se battre. »
>
> Jean-Claude Izzo, *Total Khéops*[1]

La nouvelle équipe municipale a révisé la stratégie touristique de la ville. Sous l'ère de Jean-Claude Gaudin, le tourisme se résumait à attirer un tourisme de luxe en développant (même sur des pépites patrimoniales appartenant à la Ville comme l'Hôtel-Dieu) des hôtels

1. Jean-Claude Izzo, *Total Khéops,* Paris, Gallimard, 1995.

cinq étoiles et le croisiérisme en se livrant pieds et mains liés au lobbys du Club de la croisière. Notre nouvelle doctrine touristique s'est construite dans une approche collaborative, en auditionnant l'ensemble des acteurs de la filière tourisme et en consultant les habitantes et les habitants afin de mesurer les impacts négatifs du tourisme également pour notre territoire. C'est ainsi que l'Assemblée citoyenne du futur travaille depuis plusieurs mois sur la nécessaire mutation du modèle touristique pour notre ville.

L'objectif de la nouvelle politique touristique à promouvoir est de s'appuyer sur les acteurs innovants du territoire dans le domaine touristique. Je pense ici à Hôtel du Nord, qui promeut l'accueil sur les territoires nord de la ville en valorisant le patrimoine sensible des territoires et la rencontre avec les habitants des quartiers populaires ; au Bureau des guides, qui a créé le sentier de grande randonnée autour et dans Marseille GR2013, qui propose des balades urbaines autour d'artistes marcheurs et d'experts citoyens offrant un autre regard sur les vraies richesses du territoire, révélant l'insolite ; à Tous en biclou, qui présente des séjours aventures en vélo autour de balades itinérantes originales avec accueil à la ferme…

Marseille doit définir une approche touristique globale ne négligeant pas l'accueil et l'hospitalité. Marseille ville centre, capitale régionale, accueille en effet de nombreux aidants venus voir des personnes malades à l'hôpital, des exilés, des jeunes en stage et en formation, des étudiants qu'il faut héberger dignement. D'où la nécessité d'ouvrir des auberges de jeunesse, des accueils chez l'habitant labelisés, des campings municipaux à tarif modéré…

La nouvelle stratégie touristique de la ville doit prendre en compte deux impératifs : adapter cette stratégie au nouvel ordre climatique en régulant le croisiérisme et éviter l'airbnbisation de Marseille avec des quartiers fantômes qui pullulent.

C'est donc un autre tourisme que nous souhaitons promouvoir : un tourisme plus diffus, moins massif. Un tourisme soutenable, valorisant nos richesses locales, notre diversité culturelle. Un tourisme qui intègre également l'accueil et l'hospitalité des jeunes et des plus démunis dans son offre d'infrastructures.

Réguler l'airbnbisation de Marseille

Alors que nous traversons une crise aiguë du logement, la mobilisation citoyenne et politique s'intensifie pour un encadrement beaucoup plus fort de l'offre de locations saisonnières de courte durée et des meublés touristiques, de type Airbnb, Abritel ou Booking…

Alors que 4,1 millions de personnes sont non logées ou mal logées, la prolifération de ces locations accentue encore la crise du logement.

À Marseille, par exemple, l'offre immobilière se tarit chaque jour un peu plus, les loyers augmentent, éloignant toujours plus loin la majeure partie de la population du centre-ville et de son lieu de travail, participant à la dépendance à la voiture avec les coûts afférents, dégradant les conditions de vie et aggravant la précarité de la population locale. En 2022, nous sommes passés à Marseille de 9 500 offres sur Airbnb à 11 500.

Nous constatons amèrement que des quartiers entiers se vident de leurs habitantes et de leurs habitants, vampirisés par Airbnb, à l'instar du Panier ou du Vallon des Auffes. Or, nous ne voulons pas devenir une ville fantôme.

Pour réguler cette dérive du marché, la fiscalité doit être revisitée.

Le 29 janvier 2024 une loi en ce sens a été votée, issue d'une proposition de loi transpartisane[1].

Le texte prévoit notamment d'abaisser à 30 % le taux d'abattement fiscal dont bénéficient les revenus issus des locations des meublés de tourisme, contre 71 % ou 50 % actuellement. L'objectif de cette mesure est d'inciter les propriétaires à louer leur bien sur le marché de la location longue durée plutôt que sur les plateformes type Airbnb.

---

1. Bénédicte Courret, « Locations Airbnb : la loi sur les meublés touristiques votée à l'Assemblée », *francebleu.fr*, 29 janvier 2024.

Cette loi ne suffira pas à régler ce problème de pénurie de logement, il faudra mettre en œuvre d'autres mesures contraignantes. Mais le texte va participer à freiner le passage des biens du parc locatif classique vers le marché de la location courte durée.

Par ailleurs, des solutions de bon sens dans l'intérêt et au bénéfice de nos territoires existent.

C'est le cas du Pays basque, qui, grâce à une mobilisation citoyenne importante, a fait changer la réglementation locale.

Entrée en vigueur le 1er mars 2023 dans les 24 communes de la zone tendue du Pays basque nord, la mesure de compensation[1] a été imposée par le collectif luttant contre le mal-logement Alda, qui s'est battu avec détermination pour que ce règlement soit adopté, constate depuis l'arrêt net de l'hémorragie des logements habités à l'année transformés en Airbnb permanents. Alda a recensé en 2021 au Pays basque près de 10 000 logements entiers utilisés comme meublés de tourisme permanent, soit autant de logements perdus pour la population locale.

---

1. La mesure de compensation oblige l'acquéreur à produire, à partir de locaux non destinés à l'habitation, un nouveau logement de surface équivalente et dans la même commune pour tout logement transformé en meublé de tourisme. Cela rend très difficile voire impossible ces transformations et protège définitivement le parc locatif à l'année.

Alda se mobilise au moyen d'occupations d'Airbnb illégaux, d'études chiffrées, de notes techniques et juridiques pour que le règlement de compensation soit voté par les élus de la Communauté d'agglomération du Pays basque.

Alda estime qu'il y a autour de 2 000 meublés de tourisme illégaux en 2023. D'où l'importance de poursuivre et de faire condamner cette fraude par des brigades spéciales d'enquête. L'association prend sa part dans ce travail d'investigation à l'aide d'une cellule composée d'une vingtaine de militants.

Paris est aussi à l'avant-garde de la lutte contre l'airbnisation de nos villes. Le conseil de Paris a voté son plan local d'urbanisme (PLU) bioclimatique en juin 2023. Parmi les mesures phares figure le durcissement significatif des conditions entourant la création de nouveaux meublés touristiques dans la capitale. Aussi, les possibilités de développer de nouvelles surfaces, par construction ou par transformation de locaux existants, devraient devenir très limitées.

Depuis 2022, la politique de régulation menée par la Ville semble porter ses fruits avec une baisse des locations touristiques. On ne dénombrait plus que 43 000 annonces déclarées de locations de meublés touristiques fin 2022, contre 50 000 en 2020.

Marseille, qui a commencé à réguler, doit s'inspirer de ces territoires pilotes.

Un autre fléau, lié à la non-régulation touristique, crée des ravages à Marseille : l'explosion du croisiérisme.

Sortir de la course au toujours plus du croisiérisme

L'étude de l'ONG Transport et Environnement (T&E) sur la pollution de l'air générée par les navires de croisières en Europe montre que « les 218 navires de croisière situés en Europe ont émis autant d'oxyde de soufre (SOx) qu'1 milliard de véhicules sur la même période[1] ! ».

Par ailleurs, l'étude révèle que le port de Marseille est le plus pollué de France et que les « niveaux de SOx émis par les navires de croisières représentent à Marseille deux fois ceux émis par l'ensemble des voitures immatriculées dans la ville ».

Tandis que l'Organisation mondiale de la santé (OMS) alerte sur les ravages sanitaires de la pollution de l'air, que l'Union européenne souhaite renforcer sa directive et que la pollution au dioxyde d'azote vient pour 54 % du maritime et 30 % du routier à Marseille, on assiste à l'explosion à bas bruit du nombre de croisiéristes et d'escales dans notre port, avec un pic à 2,5 millions de passagers en 2023.

---

1. « Bateaux de croisière : Marseille et Le Havre parmi les ports les plus pollués d'Europe », *transportenvironment.org*, 15 juin 2023.

Le nombre de croisiéristes en France est passé en une décennie (entre 2009 et 2019) de 2,1 millions à 4,5 millions. Plus des trois quarts de ce croisiérisme se passe sur des ports méditerranéens du littoral français.

Les riverains de ce littoral méditerranéen ne veulent plus mourir des pluies de particules fines qu'ils subissent avec une pollution non régulée.

L'ONG Transport & Environnement a épinglé en 2019 les dégâts causés à l'atmosphère par ces monstres des mers. Les 57 navires de croisière qui ont fait escale à Marseille en 2017 ont émis autant d'oxyde d'azote que le quart de toute la flotte automobile de la ville[1]. À quai, ils rejettent de deux à cinq fois plus d'oxyde de soufre que l'intégralité des voitures de la ville.

En moyenne, un navire de croisière consomme chaque heure 2000 litres de fioul lourd en mer et 700 à quai. Une semaine de croisière en Méditerranée représente le budget carbone (2 tonnes de CO_2), recommandé par les accords de Paris, d'une personne sur une année entière.

On ne peut plus tolérer d'alimenter des piscines à vagues, des simulateurs de surf, des pistes de ski, des patinoires sur des bateaux de vingt étages, de 350 mètres de long pouvant accueillir 10000 personnes à bord. C'est indécent !

1. Sébastien Barles, « Sortir du croisièrisme : un impératif écologique », *oneplanete.com*.

Or la course au gigantisme n'est pas terminée. Les ports méditerranéens accueillent des navires de croisière toujours plus grands et plus polluants en matière d'émissions (450 kg de particules fines par jour en moyenne). De plus, les compagnies de croisières utilisent pour 75 % des pavillons de complaisance (Bahamas, Bermudes, Malte et Panama), pour contourner l'impôt, le droit du travail, les normes environnementales…

Il faut entamer d'urgence le travail d'ébauche d'un scénario sur dix ans de sortie progressive du croisiérisme, en commençant par limiter le nombre de navires par an et par jour en saison estivale et leur taille et anticiper la reconversion de l'activité du croisiérisme sur les ports vers des activités socialement plus génératrices d'emplois et d'utilité sociale et environnementale (énergies renouvelables marines, économie de la mer, transition énergétique de la propulsion des navires…).

C'est d'ailleurs la même chose avec l'aéroport de Marignane, on ne peut accepter pour notre territoire une extension de l'aéroport, alors qu'il faut limiter le trafic aérien et le tourisme intercontinental. Développons les trains de nuit sur des lignes internationales pour limiter les impacts des déplacements touristiques notamment.

Outre ces grandes bifurcations à effectuer, Marseille doit trouver des sources de financement lui permettant de financer le nouveau modèle de ville écologique et solidaire esquissé.

4
Mobiliser de nouveaux moyens pour financer une transition solidaire

Trouver les investissements nécessaires pour financer nos grands projets de transition écologique est impératif.

Tous les échelons territoriaux doivent être mobilisés, État et Europe notamment, mais nous devons aussi inventer des outils de financements originaux.

Créer une taxe sur les superprofits de multinationales pour financer la transition des territoires

Face au mur d'investissement nécessaire pour financer les lourds chantiers de transition écologique et sociale et l'adaptation de nos territoires aux urgences, c'est le levier fiscal qu'il convient d'utiliser : l'impôt plutôt que l'aumône.

Aussi, exiger par exemple, à l'heure où le déficit budgétaire et la dette pousse l'État à cibler de nouveau les plus vulnérables en s'attaquant à l'assurance chômage et à l'accompagnement social de la rénovation énergétique, l'instauration d'une taxe sur les superprofits des entreprises, qui pourrait rapporter jusqu'à 21,6 milliards d'euros, selon l'ONG OXFAM[1], rien qu'en étant appliquée aux bénéfices réalisés en 2023 par le CAC 40 est une piste qu'il convient de revendiquer en tant que collectivité de gauche et écologiste.

Rappelons que les entreprises du CAC 40 ont réalisé 146 milliards de bénéfices en 2023, que CMA-CGM, qui joue certes un rôle clé pour Marseille, sa ville de cœur, en a réalisé plus de 23 en 2022 et TotalEnergies 20 milliards.

Augmenter le versement mobilité

Nous réclamons aussi des moyens équitables pour financer nos métros, tramways, RER métropolitains… Il nous faut en effet poursuivre le rattrapage de notre métropole en matière d'aides publiques pour se doter d'infrastructures de transports et de mobilités douces dignes de ce nom permettant aux habitants de notre territoire de se déplacer pour travailler notamment.

Pour cela, augmenter l'aide de l'État, afin de pouvoir financer le RER métropolitain, le plan vélo et nos nouvelles lignes de tramway, est crucial.

1. « Surperprofits : pourquoi il est encore temps de les taxer ? », *oxfamfrance.org*, 25 septembre 2023.

Créer un choc de l'offre de transport sur notre territoire en utilisant tous les leviers et en réclamant notamment l'alignement du taux du Versement mobilités – la taxe payée par les entreprises pour financer les infrastructures de transports – sur celui de Paris. Il existe aujourd'hui une disparité du plafond qui nous est très défavorable pour rattraper notre retard. Pouvoir s'aligner sur Paris et être demain autonome pour que les autorités organisatrices de mobilités décident elles-mêmes des taux à appliquer pour des fins d'intérêt général est une nécessité.

De même, l'État doit poursuivre son investissement sur notre territoire. Nous réclamons l'équité Paris/Marseille encore une fois.

Comment accepter que le plan Marseille en grand soit seulement doté d'1,2 milliard sur le volet transport et le plan de mobilité métropolitain de 7 milliards sur dix ans, quand le Grand Paris Express rassemble 40 milliards !

Créer une taxe Amazon

Il faut développer comme à Barcelone ou dans le Colorado une taxe Amazon sur les colis afin de financer les infrastructures d'une logistique décarbonée pour la sortie des camions polluant de notre ville[1].

---

1. Laetitia Dablanc, « Taxes sur les entreprises de livraison du commerce en ligne à Barcelone », *lvmt.fr*, mars 2023.

Taxer et réguler les « data centers »

La question du numérique est rarement prise sous le prisme des infrastructures du numérique et de leurs impacts, bien réels sur les territoires. Or il est prévu qu'en 2030 les data centers consommeront 13 % de l'électricité mondiale ! Limiter les impacts spatiaux, énergétiques et environnementaux des grandes fermes de données est impératif.

Il est urgent de réguler ce secteur, de réfléchir à une meilleure intégration urbaine, à une planification des infrastructures numériques et à de nouvelles solidarités énergétiques locales en même temps qu'à un régime fiscal des data centers permettant de compenser pour les États et les collectivités accueillantes les impacts négatifs subis.

Or la régulation n'est pas à l'agenda du gouvernement, qui, au contraire, souhaite alléger et simplifier l'implantation des centres de données.

Cette industrie, énergivore et prédatrice d'espace foncier précieux, génère de surcroît dix fois moins d'emplois que l'industrie manufacturière. Les centres de données de la Courneuve qui couvrent 40 000 m^2 ont créé seulement 120 emplois[1].

---

1. Cécile Diguet, Laurent Lefèvre et Fanny Lopez, « L'impact spatial et énergétique des data centers sur les territoires », ADEME, février 2019.

Marseille, septième hub numérique mondial – seize câbles sous-marins y atterrissent et quatre sont en projet avec des problèmes sur la biodiversité marine et de la privatisation d'espaces littoraux –, est aujourd'hui colonisé par les centres de données. Dans la cité phocéenne, les 30 000 m^2 de centres de données consomment en électricité l'équivalent d'une ville de 150 000 habitants. Les demandes cumulées des divers opérateurs pour des projets en gestation donnent le vertige : c'est l'équivalent de la consommation de 600 000 habitants.

Cela génère des problèmes de sécurité de notre réseau électrique avec des risques de délestage accrus et une incapacité du réseau électrique à pouvoir accueillir demain des activités plus pourvoyeuses d'emplois et s'inscrivant dans la transition écologique du territoire (à l'instar de l'électrification des navires à quai ou de plateformes de logistique décarbonée).

Marseille est de surcroît déstabilisé sur le plan énergétique par le dédoublement spéculatif des besoins des infrastructures du numérique. C'est ainsi que cet hiver des quartiers de Marseille risquent d'être victimes de possibles délestages sans que ne soient pénalisés les centres de données énergivores.

Des villes comme Amsterdam ont pris des moratoires sur les data centers. Stockholm a imposé à ces derniers des exigences drastiques et des territoires comme l'Irlande ou Singapour, ayant joué sur l'attractivité fiscale des centres de données, se ravisent et réfléchissent pour des questions énergétiques à la mise en place d'un moratoire face à un modèle de développement insoutenable[1].

Aussi, en Allemagne, des éco-conditionnalités ont été mises en place par le nouveau gouvernement. En 2024, 50 % des besoins énergétiques des centres de données devront être d'origine renouvelable (100 % en 2027). En 2025, 30 % de la chaleur fatale devra être réutilisée (40 % en 2027). Les parlementaires et les élus locaux doivent agir pour une vraie planification territoriale ; une optimisation de l'impact spatial et énergétique de ces fermes de données ; et une revalorisation et un meilleur cycle de vie des matériaux du numérique.

La solution fiscale à mettre en place l'échelle européenne afin de faire payer au juste prix ces industries aux bénéfices colossaux est de taxer la surface de stockage de données qui ne sont pas des marchandises inertes, mais des matières précieuses productrices de valeur marchande.

En plus de la taxation des centres de données, instaurer au niveau local un système coopératif émetteur-payeur pour financer la transition est une piste à suivre de près.

---

1. Guillaume Carnino et Clément Marquet, « Les *datacenters* enfoncent le *cloud*: enjeux politiques et impacts environnementaux d'internet », *Zilsel*, vol. 1, n° 3, 2018.

Créer une coopérative de compensation carbone

La compensation carbone, avec ses projets souvent menés à l'autre bout du monde, n'a pas toujours eu bonne presse, avec des accusations de greenwashing pour les entreprises qui la pratique.

En effet, pourquoi ne pas conduire cette compensation dans une démarche vertueuse sur son territoire ? Pourquoi ne pas chercher la neutralité à l'échelle de son bassin de vie en proposant des solutions de financement à des projets locaux qui en manquent cruellement ? C'est en menant cette réflexion que la communauté d'agglomération de La Rochelle a créé sa coopérative carbone, pionnière en France. Le Mans, Paris, Bordeaux, Brest ont suivi.

La coopérative a deux leviers (le financement participatif et la compensation) et joue le rôle d'intermédiaire entre des citoyens, des institutions, des entreprises qui souhaitent financer la transition écologique du territoire et des porteurs de projets qui ne trouvent pas toujours les fonds nécessaires au développement de leur projet. La coopérative a donc un double rôle : celui de collecter des fonds et celui de sélectionner des projets locaux d'intérêt général.

Il s'agit en fait d'un dispositif innovant permettant de contrebalancer des émissions qui ne peuvent être réduites directement par les pouvoirs publics et aux habitants de la ville de choisir et d'investir dans des projets de transition de son choix.

Dans la SCIC de La Rochelle, plusieurs collèges ont été créés : celui des investisseurs, des porteurs de projets, des partenaires techniques, des collectivités associées, des associations, des chercheurs ou des bénévoles. La coopérative a également un volet d'accompagnement des acteurs locaux à la rédaction de leurs émissions de gaz à effet de serre avec réalisation de bilans carbone notamment.

À Paris, si les entreprises locales qui souhaitent compenser leurs émissions sont les bienvenues, celles qui continuent à investir dans les énergies fossiles ou celles qui manipulent le vivant par exemple en sont exclues.

La Métropole Aix-Marseille-Provence avec le pays d'Arles vont créer en 2024 une coopérative expérimentale pour permettre aux entreprises de compenser leur empreinte écologique en investissant dans des projets sur le territoire[1].

Nous caressons l'espoir de monter une coopérative de compensation carbone à Marseille en 2025 sur le modèle de celle de La Rochelle.

À côté des coopératives de compensation carbone, d'autres modes de levée de fonds citoyens sont possibles.

---

1. Margot Geay, « La Métropole veut flécher la compensation carbone des entreprises vers des projets locaux », *madeinmarseille.net*, 19 mars 2024.

Mobiliser l'épargne citoyenne

Par leurs placements, les ménages peuvent participer au financement de la transition écologique de leur territoire. C'est ce que fait par exemple la Fondation Marseille.

Diverses dénominations fleurissent pour qualifier ces mécanismes d'épargne citoyenne et de financements participatifs : *crowdfunding*, Épargne solidaire, *crowdgiving*, *crowdlending*, *crowdequity*...

Ces types d'investissement-épargne connaissent une explosion depuis la crise du covid. Cela s'explique par le niveau d'épargne important en France, mais aussi par une volonté des citoyennes et des citoyens de donner du sens à leur épargne et à leurs investissements en tenant compte de la crise écologique qui nous frappe.

En France, c'est dans le domaine agricole que l'épargne citoyenne et le financement participatif sont apparus pour accompagner la transition agroécologique via un dispositif comme Terre de liens.

Dans le domaine de l'énergie, si l'Allemagne a été pionnière dans les années 1980, la France a intégrée très tard la logique coopérative et citoyenne. Énergie partagée collecte l'épargne solidaire pour l'investir au cœur d'initiatives locales de production d'énergie renouvelable qui ont besoin de cet investissement pour se réaliser. Chacun peut devenir ainsi acteur de la transition énergétique. Enercoop est un autre projet coopératif s'appuyant sur l'épargne citoyenne pour le développement des énergies renouvelables en local.

La Région Occitanie a lancé un outil pour financer des projets d'entreprise, notamment en matière de transition énergétique et d'économie sociale et solidaire. Baptisé Épargne Occitanie, celui-ci permettant d'organiser la rencontre entre l'épargne citoyenne et les projets a été développé en partenariat avec la plateforme de financement participatif Wiseed[1].

Enfin, il faut citer le produit financier Rev3 lancé par le Crédit coopératif en lien avec la région des Hauts-de-France. Tourné vers l'économie de demain, la région des Hauts-de-France a lancé avec le Crédit coopératif en 2015 ce livret d'épargne utile, porteur de sens et qui fait le lien entre l'entreprise, le territoire et le citoyen.

Rev3, c'est une aventure démarrée en 2013, lorsque la Région et la Chambre de commerce ont demandé à l'économiste Jeremy Rifkin d'imaginer ensemble une feuille de route à long terme pour la région Hauts-de-France, avec l'objectif de construire une économie à faible émission de carbone, basée sur une production d'énergie décentralisée et gérée par des réseaux intelligents.

---

1. « Une plateforme pour mobiliser l'épargne citoyenne vers l'économie régionale », *laregion.fr*.

Le succès du produit a permis de mobiliser 650 millions d'euros pour la reconversion industrielle du nord de la France[1].

La Ville de Marseille souhaite lancer un dispositif similaire avec le Crédit coopératif qui pourrait être baptisé « Marseille Demain » et lié au contrat de ville climatique pour accompagner les projets émergents.

Les outils et leviers pour financer la nécessaire transition écologique de notre ville sont nombreux. Le nouveau modèle urbain de Marseille doit également interroger la place de la ville dans la relation euro-méditerranéenne et avec l'Afrique en s'appuyant notamment sur les diasporas du continent africain présentes dans la ville.

1. « Avec Rev3, le Crédit coopératif finance les transitions écologique et numérique dans les Hauts-de-France », *credit-cooperatif.coop*, 7 février 2022.

5
La ville-monde et pont entre Europe et Afrique

> « Cette ville est une leçon [...]. Attentive, elle écoute la voix du vaste monde et, forte de son expérience, elle engage, en notre nom, la conversation avec la terre entière. Une oriflamme claquant au vent sur l'infini de l'horizon, voilà Marseille. »
>
> Albert Londres[1]

Récemment dans *Le Monde*, les historiens Nicolas Bancel et Pascal Blanchard ont plaidé pour la création d'un musée des colonisations, à l'instar de ce qu'ont fait d'autres pays.

Marseille, grand port colonial et terre d'accueil des diasporas issues d'ex-pays colonisés, devrait pouvoir accueillir ce lieu de mémoire. La création d'un tel musée dans notre cité phocéenne serait un moyen de regarder en face

1. Albert Londres, *Marseille porte du Sud*, Paris, Payot & Rivages, 2023 [1927].

ce passé qui ne passe pas, occulté par l'histoire officielle. Comme le disent les auteurs de la tribune,

> il faut prendre à bras-le-corps la création d'un musée des colonisations, qui sera un lieu de savoir mais aussi d'échanges, de débats, de socialisation de cette histoire. Un lieu majeur qui permettra de relativiser les mémoires antagonistes des uns et des autres, d'éviter la polarisation mortifère actuelle entre les nostalgiques fanatiques et les décoloniaux radicaux, mais aussi d'intégrer à l'histoire les millions de personnes qui s'en sentent exclues. Une manière de mettre les choses à plat, pour tourner véritablement la page[1].

Car Marseille a besoin aussi de nouer de nouvelles relations apaisées avec l'autre rive de la Méditerranée. Nous avons la chance de bénéficier de la présence de l'IRD à Marseille.

Nous pourrions nous appuyer sur des expériences et des territoires du continent africain pour mettre en place nos mesures d'adaptation au bouleversement climatique ; s'inspirer des villes africaines pour penser notre modèle de petites industries low-tech ; monter des supermarchés coopératifs sur le modèle de Super-Cafoutch de produits bio-équitables issus des pays dont sont issus les diasporas marseillaises ;

1. Nicolas Bancel et Pascal Blanchard, « "La question du passé colonial est le dernier tabou de l'histoire de France des XIXe et XXe siècles" », *lemonde.fr*, 30 octobre 2023.

accompagner les porteurs de projets tels que les start-up, laboratoires de recherche, acteurs de la formation, mais aussi PME, grands groupes et associations à tisser des liens euro-africains…

Marseille pourrait aussi tisser de nouvelles coopérations décentralisées de co-développement avec des villes et territoires de l'autre rive dans un contexte de rejet très fort de l'héritage néocolonial de la Françafrique.

Notre ville a un rôle à jouer pour pérenniser des échanges commerciaux et culturels avec le continent africain.

Nos tiers lieux pourraient également nouer des échanges féconds avec des projets similaires en Afrique.

Outre le rôle majeur que Marseille a à jouer avec la rive sud de la Méditerranée, Marseille doit s'inventer et assumer une approche cosmopolitique faisant de la diversité de ses populations une vraie richesse.

6
La ville cosmopolite et accueillante, rempart au national-populisme

Marseille est un creuset fédérateur. D'où que viennent les Marseillaises et les Marseillais et presque instantanément naît un sentiment d'appartenance très fort à la ville, à son quartier. C'est souvent le premier véhicule identitaire. On ne sait pas bien ce qui fait communauté, mais c'est un fait.

Tout l'enjeu est de s'appuyer sur ce miracle pour fédérer les Marseillaises et les Marseillais autour d'un rêve d'avenir désirable et soutenable partagé par tous, avec l'écologie comme force motrice. L'approche pour y arriver doit être cosmopolitique.

Le cosmopolitisme exprime, selon la définition générique, la possibilité d'être natif d'un lieu et de toucher à l'universalité, sans renier sa particularité.

Marseille est une ville éclatée, fracturée. Marseille est un archipel qui trop souvent vit reclus, replié sur son quartier, sa communauté.

Toutefois, en s'inspirant des grands penseurs de la créolité, nous pourrions considérer cet état de fait comme un atout en s'appuyant sur le concept de pensée archipélique, inspirée notamment par Édouard Glissant. Celui-ci théorise le fait qu'il y a deux types d'identité : l'identité-racines et l'identité-relations.

Il réhabilite résolument dans *Poétique de la relation*[1] l'identité-rhizome (la dépendance profonde entre les racines) et l'identité-relation, fruit de métissage fécond.

Il convient ainsi d'unir dans la pluralité, de rendre plurielle l'universalité.

Le cosmopolitisme contemporain du philosophe allemand Ulrich Beck est également inspirant pour Marseille. Selon ce dernier, lorsque tout le monde verra ses droits garantis, quand tout le monde sera tolérant, quand la justice sociale sera installée, les hommes pourront vivre heureux ensemble sans qu'il y ait besoin d'éléments culturels et religieux pour les unir. Ce primat de l'égalité et de l'accès aux droits pour tous avant la valorisation des différences doit nous guider.

Comme le philosophe Étienne Balibar, qui définit la « cosmopolitique » comme une alternative aux formes actuelles de la mondialisation globalisée capitaliste, dans une perspective résolument internationaliste.

1. Édouard Glissant, *Poétique de la relation*, Paris, Gallimard, 1990.

On dit souvent que Marseille est une ville cosmopolite. En effet, la Ville a permis aux différentes communautés de coexister dans un espace urbain partagé, puis, dans un deuxième temps, de se rencontrer, voire de se mélanger. Cependant, le Marseille cosmopolite n'est pas vrai dans toute l'histoire de la ville. Après la décolonisation, en plein déclin industriel, la ville se distingue pour ses ignobles actes racistes, ses ratonnades et les éditos anti-arabe du journal local *Le Méridional*[1]. En août 1973, Marseille est le théâtre d'une série de meurtres racistes qui vont coûter la vie à au moins dix-sept personnes en quelques mois[2].

Il faudra attendre la fin des années 1980 et le bouillonnement culturel de l'ère Vigouroux pour retrouver l'image d'une Marseille comme creuset pacificateur interethnique. Notre ville a en fait toujours navigué entre rejet et accueil, avec la notion de cosmopolitisme comme élément structurant de la construction identitaire de la ville.

---

1. Dans son tristement célèbre édito du 26 août 1973 Gabriel Domenech écrit : « Nous en avons assez. Assez des voleurs algériens, assez des casseurs algériens, assez des fanfarons algériens, assez des trublions algériens, assez des syphilitiques algériens, assez des violeurs algériens, assez des proxénètes algériens, assez des fous algériens, assez des tueurs algériens. »
2. Sylvain Pignol, « Marseille : en 1973, l'été des meurtres racistes », *laprovence.com,* 24 août 2023.

Aussi, les rencontres et le dialogue interculturel entre les communautés sont rares et portés par des instituions quelque peu obsolètes aujourd'hui quoique utiles et innovantes lorsqu'elles ont vu le jour à l'instar de Marseille Espérance.

Il faudrait aujourd'hui mettre en place dans la cité un conseil représentatif des résidents étrangers pour les citoyens extra-communautaires (donc non ressortissants de l'Union européenne) comme cela a été fait à Paris dès 2002.

L'idée serait de faciliter la concertation et la coopération entre les étrangers et la Ville, partager et valoriser les cultures étrangères, développer des activités éducatives, socioculturelles, artistiques ouvertes en favorisant les échanges et les rencontres entre tous les habitants, promouvoir le mieux vivre-ensemble, la paix et la coopération en Europe et dans le monde et enfin poursuivre la mobilisation pour le droit de vote des habitants extra-communautaires aux élections locales.

Rendre vivantes les traditions occitanes et provençales et renouveler les fêtes de quartier

Pour refaire du commun dans des quartiers menacés par le repli identitaire et communautaire, l'isolement individualiste et délaissés par le délitement des services publics de proximité, il faut retravailler autour des quartiers de notre ville sur la culture et les traditions locales comme vecteurs de liens sociaux et de moments de communion.

Le carnaval par exemple est l'une des traditions les plus anciennes de notre patrimoine culturel. C'est un moment de libération, de fête, d'allégresse, de revendication et de transgression. C'est aussi un moment politique, d'expression de colères sociales, de catharsis collective. Mais le carnaval, c'est aussi toute la période de préparation des chars où se croisent des publics différents du quartier : des jeunes et des anciens. C'est là que se tissent des liens précieux.

Il faut que chaque quartier de Marseille puisse organiser ces moments familiaux, revendicatifs et festifs. Il faut multiplier les carnavals et les fêtes de quartiers qui créent du lien social, de la fraternité plutôt que de dresser des murs sur les places, des couvre-feux et d'interdire les rassemblements festifs traditionnels.

La culture occitane, vivante et ouverte aux autres cultures, avec ses Balèti, ses banquets de rue…, peut être un véhicule pour remettre du commun, de la fraternité dans notre ville.

La gastronomie également permet de fédérer les habitantes et les habitants d'un quartier autour d'un grand aïoli, d'une sardinade, d'un couscous ou de l'organisation d'un championnat du monde de la soupe au pistou, comme cela s'organisait longtemps au cours Julien lors de la fête du plateau.

Marseille doit retrouver le sens du commun, du partage. Mais Marseille doit aussi redevenir une ville d'accueil, d'hospitalité, sachant ouvrir les bras à l'étranger.

Marseille ville d'accueil

L'histoire et les cultures des migrations concernent l'ensemble de la cité phocéenne. Elles participent au vivre-ensemble dans une dynamique multiculturelle et universaliste faisant de Marseille une grande cité cosmopolite d'accueil, depuis son mythe fondateur à aujourd'hui.

Marseille doit fonder sa citoyenneté sur le concept de citoyenneté de résidence et non de nationalité.

L'enjeu de la revendication de la citoyenneté de résidence est de bénéficier de tous les droits ; une égalité de droits pour tous les résidents de Marseille, quelle que soit leur nationalité, sans distinction, pour les droits civils et politiques, économiques, sociaux, culturels, environnementaux...

La cité phocéenne doit être, comme Palerme l'a été avec le maire courage Leoluca Orlando, une capitale de l'hospitalité pour les exilés.

Comme l'affirme avec force la charte de l'Association nationale des villes et territoies (ANVITA), « la crise de l'accueil des migrants est avant tout une crise de valeurs mises à mal par les politiques nationales et européennes empêchant, coûte que coûte, les arrivées en Europe de personnes ayant fui leur pays ».

Marseille doit mettre en œuvre de manière encore plus volontariste qu'aujourd'hui des solutions d'accueil, d'hébergement et d'accompagnement plus nombreuses et plus qualitatives en exigeant des aides de l'État. C'est une nécessité pour éviter aux exilées et exilés d'être contraints de vivre dans des camps de fortune, des bidonvilles ou des « jungles », grâce à un accueil digne de notre humanité et des droits fondamentaux que nous défendons.

Pour illustrer mon propos, une superbe utopie concrète Navire/Avenir est née à Marseille. Ce projet se veut un modèle de sauvetage en mer des exilés en Méditerranée et d'hospitalité, Les plans de l'Avenir sont prêts et une grande souscription a été lancée pour que l'inauguration du navire se fasse en 2025.

À l'initiative du collectif d'architectes, urbanistes, artistes, soignants PEROU, une assemblée de bâtisseuses et bâtisseurs s'est constituée et développée depuis l'été 2020 pour construire un navire, le *Navire Avenir*, à mettre à disposition de celles et ceux qui sauvent des vies en Méditerranée.

Mais l'enjeu premier est de permettre à tous les exilés qui ont pris racine à Marseille de cohabiter et de se mélanger en croisant leurs cultures. Créée en 2000, l'association Ancrages fait en ce sens un formidable travail en valorisant l'histoire des migrations et en transmettant les mémoires immigrées à Marseille.

Transmettre ces mémoires est un enjeu fondamental d'éducation à la citoyenneté et à la lutte contre les discriminations.

Conclusion
Marseille, creuset fédérateur d'un rêve d'avenir partagé

L'écologie est une chance absolue pour Marseille. C'est le paradigme qui va permettre à notre cité de retrouver sa fierté d'une ville, qui ne reste pas comme les autres, singulière, mais qui rayonne sur le monde par son message universel : on peut vivre unis dans la diversité ; heureux dans la sobriété.

L'écologie sociale défendue tout au long de cet ouvrage va nous permettre de recoudre la ville, de réparer ses écoles, ses logements, ses piscines, de résorber ses fractures en s'appuyant sur une écosystème local dense de plateformes décentralisées sur la ville autour du bâti durable, de l'économie circulaire, de la logistique décarbonée, de la réparation navale autour de la transition écologique des navires formant et employant les jeunes des quartiers populaires en priorité.

Nous pouvons être, grâce à nos nombreuses friches à valoriser, la ville phare de l'économie de la fonctionnalité, du partage, de la circularité. Une ville productive qui recrée de l'activité industrielle et artisanale non polluante, qui reconvertit écologiquement ses vieux sites d'industrie lourde et polluante et forme les salariés via le revenu de transition écologique.

Chaque quartier sera doté de sa régie verte locale pour répondre à de la commande citoyenne pour végétaliser ses rues, créer de nouveaux espaces publics, requalifier des places publiques, créer des espaces de jeux, des potagers sur des places de stationnement de surface libérées…

Marseille, capitale du low-tech

Marseille peut devenir en s'appuyant sur un nouveau modèle économique la capitale de l'industrie et de l'artisanat « basse technologie », prônant une utilisation mesurée et sobre des éléments technologiques, afin de réduire au maximum les impacts environnementaux et répondre aux enjeux d'un éco-développement soutenable s'appuyant sur la remise vers l'activité d'une jeunesse trop souvent décrocheuse. C'est aussi un moyen d'adapter notre ville à ses besoins réels en développant des pratiques et activités simples, conviviales, résilientes et inclusives. C'est enfin une réponse pour notre ville à l'utilisation excessive d'énergie et de matériaux tant pour la construction que pour la rénovation ainsi que pour la reconversion de ses anciens bassins industriels. Il s'agit d'avoir une préoccupation permanente de durabilité s'appliquant à une démarche de mutation de notre ville plutôt qu'à un résultat.

Georges Bernanos disait que « l'espérance est un risque à courir[1] ».

Prenons ensemble le parti de l'espoir, plutôt que celui de la résignation.

Pour Marseille et les Marseillaises et les Marseillais.

1. Georges Bernanos, *Monsieur Ouine*, Paris, Castor astral, 2008 [1943].

Postface
Le point de bascule

La politique est un sport de combat, mais souvent on oublie pourquoi l'on se bat, pour qui. Le sens de l'action politique, la noblesse de la politique s'efface, s'évanouit dans des considérations et conflits (souvent internes) superflus, périphériques, voire anecdotiques au regard des bouleversements qui nous font face.

L'éthique de conviction et de responsabilité doivent s'épouser. On doit être animé d'un idéal pour gouverner, quel que soit l'échelon.

Et pour Marseille, où l'ombre d'Homère plane partout dans la ville, l'heure d'une nouvelle odyssée, d'une épopée collective a sonné.

J'ai toujours eu un rapport prudent par rapport au pouvoir, sûrement liée d'ailleurs à ma formation libertaire dans les syndicats étudiants. J'ai souvent été dans l'opposition et activiste. J'ai mené de lourdes batailles contre les lobbys et leur capture scientifique et réglementaire quand je travaillais au Parlement européen, contre l'extrême droite et ses idées nauséabondes, quand j'étais étudiant à Nice et à Aix-en-Provence, contre la privatisation de l'eau, devant être considérée comme un bien commun de l'humanité…

Ces batailles m'ont amené à comprendre qu'il est possible de faire autrement, mieux et parfois avec moins en matière de gestion institutionnelle. C'est cela et la lassitude du combat perpétuel, de l'opposition stérile et sans débouché ni espoir, qui m'a donné envie de transformer le réel par la voie institutionnelle.

J'ai cependant toujours cru à une articulation à trouver entre la pression, l'expertise citoyenne, l'expertise d'usage et son nécessaire débouché institutionnel. Il faut savoir marcher sur ses deux jambes : à l'écoute des mouvements sociaux, des innovations et initiatives citoyennes et créatives et en même temps en tentant par la voie institutionnelle de changer la donne. C'est en ce sens que je m'inscris dans la lignée du réformisme radical qui n'attend pas le grand soir, ni d'éprouver le désespoir des petits matins.

Je regrette aussi de voir la fracture se creuser entre une écologie institutionnelle souvent taxée de démissionnaire, de traître par rapport aux enjeux fondamentaux d'extinction du vivant et de bouleversement climatique et une écologie mouvementiste qui renonce à utiliser la voie du changement par le droit, la loi et les institutions à tout échelon.

Il existe bien une écologie d'accompagnement, celle du « et en même temps » qui ne veut pas entreprendre de franches ruptures avec le modèle libéral-productiviste, qui croit à une croissance verte et au mirage techno-solutionniste. Mais il existe aussi et il est nécessaire que celle-ci soit présente dans le monde institutionnel une écologie de transformation écologique et sociale, de rupture avec le vieux monde, d'invention d'un nouveau modèle.

Je défends, dans le contexte actuel de dépolitisation, de défiance envers le politique, une forme de pragmatisme radical, pour montrer en actes que le changement est possible et s'impose à nous. Ici et maintenant. Pour cela, pour réaliser des utopies concrètes qui manquent tant, pour redonner de l'espoir à la population, il faut tisser de grandes et larges alliances de projets. Sans concession et sans regarder dans le contexte de crise aiguë le pedigree des uns des autres. Sans dogmatisme.

C'est ce que j'ai tenté de faire tout au long de mes fonctions dans les institutions : à la Région quand j'ai piloté le programme Alter-Iter (alternative au pari du projet de fusion thermonucléaire doté de 150 millions d'euros pour les alternatives énergétiques et la sobriété), au Parlement européen quand, avec Michèle Rivasi, nous avons convaincu des centaines d'eurodéputés (quel que soit leur bord politique) de voter contre le renouvellement du glyphosate et gagner la bataille en plénière au Parlement européen ou à la Ville de Marseille pour faire face au fléau de la précarité énergétique.

C'est une méthode d'action que je défends avec ardeur, car elle répond tout à fait à la maxime de Gramsci « optimisme de la volonté, pessimisme de la raison ». Le pire, serait dans le contexte actuel de montée du national-populisme de courir derrière les thèses de l'extrême droite en abandonnant ses valeurs. De céder à une forme d'esprit de Munich, celui de la résignation, de la démission face à la bête immonde dont le ventre est encore fécond.

À la contagion de l'esprit de Munich, opposons l'esprit des jours heureux lorsque des humanistes de sensibilités politiques et de parcours et formations diverses s'unirent dans la nuit noire de l'occupation pour travailler ensemble au programme du Conseil national de la Résistance qui posera les jalons de la Sécurité sociale et d'une démocratie retrouvée et élargie aux domaine économique et social.

Force est de constater qu'à Marseille, depuis 2020, nous ne sommes pas encore parvenus à mettre au diapason notre action publique avec les attentes de celles et ceux qui nous ont élus.

Nous n'avons pas su ou voulu créer les espaces de dialogue et de co-construction nécessaires pour mettre en œuvre une vraie rupture démocratique avec l'ancien régime.

Certes, nous avons clairement rompu avec les pratiques du vieux système à l'agonie, nous avons toiletté notre administration qui en avait bien besoin.

Mais nous n'avons pas révolutionné les pratiques démocratiques, restant dans le cadre d'une démocratie représentative très verticale, ne pratiquant pas toujours la transparence et la co-construction avec les forces vives du territoire pour faire face aux immenses défis qui nous frappent et d'abord à celui de la crise de la représentation.

Nous avons, il est vrai, des circonstances atténuantes : une administration qu'il a fallu remettre en ordre de marche, une métropole hostile…

Cependant, si c'était à refaire, je pense que nous aurions dû nous appuyer sur des comités d'usagers, des conseils citoyens, des maires alliés pour pousser la Métropole à nous entendre, un bureau des temps pour adapter les horaires d'ouverture et de fermeture des services et équipements publics municipaux (bibliothèques, piscines…).

Je crois aussi que nous sommes tombés dans le piège du Marseille contre le reste du monde côté métropole, nous plaignant en permanence en conseil du mauvais traitement subi sans tenter de trouver des convergences avec d'autres communes, d'autres territoires pour changer la gouvernance inéquitable du carnet de chèque et esquisser une vraie métropole de projet.

Je crois également que nous nous sommes trop laissé happer par les urgences du quotidien, oubliant qu'il ne faut pas seulement changer de pansement, mais penser le changement. Articuler en bon tisserands la réparation et la transformation de notre cité est essentiel.

Je crois enfin que Marseille est à un point de bascule. Tout est réuni pour que la cité phocéenne se rassemble autour d'un projet d'écologie sociale qui lui permette de faire face aux défis, de résister aux chocs qui arrivent. Mais les ingrédients sont aussi réunis pour une bascule vers les crispations identitaires, les politiques de rejet et d'exclusion, de repli et de fractures ; de murs plutôt que de ponts.

Nous sommes à ce moment clé que définissait Antonio Gramsci : « Le vieux monde se meurt, le nouveau monde tarde à apparaître et dans ce clair-obscur surgissent les monstres[1]. »

Les Marseillaises et les Marseillais ont le choix entre deux options : le meilleur et le pire.

Je ferai tout pour que s'incarne cette ville des possibles, de bien vivre, de l'hospitalité.

Cela passe par la convergence des lucioles qui créent des espaces et expériences ici et là de métamorphose démocratique et sociale. Mais aussi par l'élaboration d'un projet politique mettant l'audace, la créativité, l'imagination au pouvoir dans notre ville.

Enfin !

---

1. Antonio Gramsci, *Cahiers de prison*, Paris, Gallimard, 2021.

Retour sur 2020
« Une hirondelle verte ne fait pas le Printemps »

J'ai essuyé en 2020 une épreuve terrible : celle de voir des connaissances, des amis, des voisins me vilipender pour ne pas avoir choisi l'unité autour du Printemps marseillais. Pour avoir décidé, par dépit, de tirer une liste, celle de Debout Marseille, rassemblant une dynamique écologiste et citoyenne.

À l'époque, j'ai dit à mes proches qui voulaient bien m'écouter que j'aurais raison à titre posthume. Il n'y avait rien de glorieux à cela, car j'aurais aimé, moi aussi, croire à la belle fable du Printemps marseillais, cette mythologie d'une gauche institutionnelle et mouvementiste rassemblée dans son ensemble autour d'une icône « pas pareille », notre « bonne maire » en rupture complète avec les vieux monstres qui ont tant abîmé notre cité.

Or au cœur du processus de rassemblement unitaire en 2019, j'ai vite compris qu'il y avait anguille sous roche, et que le rassemblement de la gauche rassemblée et des mouvements citoyens était en fait une petite entente entre le Parti socialiste (PS) et le Parti communiste français (PCF) avec quelques satellites et un faux nez citoyen Mad Mars (qui a eu un rôle essentiel en matiée de marketing).

Il était clair que les initiateurs du rassemblement ne voulaient pas des écologistes dans le Printemps, préférant qu'ils portent le sceau de la division. Idem pour les « insoumis » d'ailleurs et pour les collectifs citoyens actifs dans les quartiers populaires, rassemblés au sein du Pacte démocratique. Quand on regarde bien, la liste du Printemps rassemblait donc le PS, le PCF et un futur syndicat d'élus non encartés avec Mad Mars. C'est cette triade qui a pris la Ville en embobinant tout le monde autour de poulets party.

Le Printemps marseillais a existé grâce à l'ardeur unitaire des militants les plus sincères, ceux qui ont provoqué l'acte 1 : celui de la naissance du rassemblement inédit fédérant quatre collectifs citoyens, dont Mad Mars, qui a vite pris l'ascendant sans pourtant n'avoir eu aucune existence antérieure à celle de la séquence électorale.

Mad Mars a créé une belle marque qui s'est vite imposée dans le champ médiatique. La préemption de l'espace unitaire était jouée.

Je n'en veux pas (au contraire) aux sympathisants qui ont tant dénoncé la division des forces de gauche, dopés par l'heureux slogan du rassemblement « s'unir ou subir » avec une injonction à l'unité cachant quelques carences programmatiques.

La vague dégagiste était telle que pour beaucoup (sans intégrer le mode de scrutin à deux tours) l'impératif de l'unité s'imposait dès le premier tour et l'affirmation de la liste écolo-citoyenne leur apparaissait comme du narcissisme identitaire.

Même après que nous ayons pris nos distances avec le Printemps marseillais fin 2019, nous avons tenté le grand rassemblement de toutes les gauches, écologistes et citoyenne. Je peux le dire aujourd'hui, j'ai été prêt à céder ma tête de liste pour réussir l'unité le plus large possible à deux personnes extérieures au champ politique, mais pouvant fédérer à qui j'ai proposé de tirer les rênes d'un large rassemblement de type Conseil national de la Résistance qui ont toutes deux déclinée l'offre. J'ai tout fait jusqu'au bout pour élargir notre alliance à La France insoumise (LFI) et au Pacte démocratique notamment, proposant une tête de liste bicéphale et paritaire aux partenaires.

Puis vint l'épisode de l'investiture de Michèle Rubirola. J'ai toujours eu une grande estime et beaucoup d'amitié pour Michèle, avec laquelle j'ai milité durant des années. Nous nous sommes retrouvés aussi combien de fois autour de notre regrettée et amie commune Michèle Rivasi. Son aspiration à une écologie sociale, son empathie, son attachement aux mouvements citoyens et sociaux font que j'ai une vraie affection pour Michèle. D'ailleurs, durant toute la campagne, tandis que l'on me poussait à durcir le ton face à elle, j'ai toujours refusé de l'attaquer frontalement. A posteriori, j'explique cette incapacité à « taper sur Rubirola » par un épisode de notre vie militante commune. En 2007, lors du campement des Enfants de Don Quichotte sur la porte d'Aix à Marseille avec des dizaines de SDF, Michèle Rubirola était notre médecin et venait tous les soirs au chevet des personnes malades. Ayant assisté à cela, je me dis que l'on ne peut qu'être une élue intègre. D'ailleurs, lorsque Michèle m'a convoqué dans son bureau, celui dans lequel j'avais vu siéger Jean-Claude Gaudin durant trop d'années, des larmes ont coulé tant l'émotion m'a étreint. J'ai dû croire un instant que c'était possible. J'aurais tellement aimé avoir raison à ce moment-là. Et pourtant…

Michèle m'a appelé entre Noël et le jour de l'an 2020 pour me dire qu'elle allait être nommée tête de liste du Printemps marseillais. J'ai été surpris, car quelques mois avant elle m'avait dit ne pas vouloir se présenter pour une co-tête de liste écolo-citoyenne avec moi. Je lui ai demandé si elle était vraiment motivée pour prendre les rênes de Marseille et ai senti un flottement dans sa réponse, me répondant que c'est une équipe et que Benoît était là. Michèle a dit que ce qui l'intéressait vraiment était le département. Dans son esprit, elle devait lâcher la mairie pour prendre les rênes du département, avec ses compétences d'accompagnement social qui lui correspondent plus que la gestion d'une cité. Mais l'histoire a été plus rapide et son mandat n'a duré que six mois avant qu'elle ne décide de céder la place à son premier adjoint.

Notre victoire en 2020 est le fruit de multiples facteurs : un ras-le-bol généralisé d'une droite affairiste et sans vision, un rassemblement de la gauche original autour d'une tête de liste incarnant à merveille le désir de renouveau et de rupture avec le vieux monde et de l'apport de deux autres listes à gauche ayant ratissé un autre électorat et empêché les macronistes d'être présents en triangulaires sur l'ensemble des secteurs de la ville.

J'ai été surpris de constater que durant deux ans les observateurs politiques et certains médias ont voulu faire de Marseille un laboratoire d'une nouvelle gauche avec le Printemps marseillais. Outre l'aspect marketing, il n'y a rien de très original dans le rassemblement qu'a incarné avec succès le Printemps marseillais. Ce rassemblement, laissant de côté les deux principales formations Europe-Écologie-Les Verts (EELV) et LFI, a été piloté par des organisations dans une forme assez verticale et il n'a pas vraiment survécu à l'élection en matière de force politique autonome portée par une base citoyenne réelle transcendant les appartenances des uns et des autres.

2020 a été une élection singulière, le crépuscule d'un vieux système à bout de souffle avec un alignement de planètes phénoménal pour la gauche.

Les futures élections municipales de 2026 ne seront pas placées sous les mêmes auspices avec une majorité sortante qui a lancé beaucoup de chantiers, mais qui n'a pas encore concrétisé vraiment le changement autrement que dans le domaine des pratiques et dans le champ symbolique. Celle-ci a besoin de temps.

Un autre péril sera présent : celui de l'extrême droite. Face à la vague brune qui menace notre République, notre pacte social et nos libertés, le travail est colossal.

Il s'agit d'abord d'une bataille culturelle à mener en réinvestissant le champ culturel, médiatique et en recréant des corps intermédiaires pour retisser du lien social, du commun.

Edgar Morin, notre grand sage vitamine nous invite à épouser l'esprit de résistance comme prélude à un esprit de renaissance :

> Faut-il songer à un avenir meilleur ou plutôt à éviter le pire ? Dès lors, nous avons à garder lucidité, face aux propagandes et hystéries collectives. Nous devons savoir que l'esprit de résistance nécessite la résistance de l'esprit. Nous devons savoir, en même temps, que l'esprit de résistance est l'esprit de renaissance[1].

1. « Edgar Morin : "Le Front populaire a besoin de formuler une voie nouvelle" », *nouvelobs.com*, 27 juin 2024.

Les collectivités locales et Marseille en particulier en tant que « ville monde » ont un rôle crucial à jouer en ce sens en inventant le récit d'une cité qui répare, protège et crée de nouvelles solidarités, une nouvelle fraternité fondée sur le cosmopolitisme.

Résister, c'est créer.

Marseille, sera demain une ville résistante à l'air du temps, au triomphe des passions tristes, qui invente de nouvelles façons de vivre ensemble, unis dans notre diversité, en prenant en compte l'impératif climatique.

La ville de tous les possibles.

Bibliographie

BESSON, Raphaël. « Les *"Ateneus de Fabricació"* barcelonais et les *"Laboratorios ciudadanos"* madrilènes. Une nouvelle approche de l'innovation urbaine ? ». *Géographie, économie, société,* n° 1, vol. 20, 2018, p. 113-141.

BOUBA-OLGA, Olivier. « Habitabilité territoriale : comment concilier bien-être de tous et respect des limites planétaires ». Fondation Jean-Jaurès, avril 2024.

BOUBA-OLGA, Olivier et GROSSETTI, Michel. « La mythologie CAME (compétitivité, attractivité, métropolisation, excellence) : comment s'en désintoxiquer ? ». HAL, 2018.

BOULESTEIX, Jacques. *Entre peur et raison. La métropole Aix-Marseille-Provence.* La Tour-d'Aigues : l'Aube, 2015.

CELATI, Benedetta. « À Naples, l'expérimentation de nouveaux modèles administratifs pour relever le défi du municipalisme ». *Mouvements*, n° 101, 2020, p. 90-97.

CHARBONNIER, Pierre. « Trouver du nouveau : sortir de l'impasse climatique ». *Le grand continent*, octobre 2023.

CORIAT, Benjamin. *Le retour des communs : la crise de l'idéologie propriétaire.* Paris : Les Liens qui libèrent, 2015.

Dardot, Pierre et Laval, Christian. *Commun. Essai sur la révolution au xxie siècle.* Paris : La Découverte, 2014.

Diguet, Cécile, Lefèvre, Laurent et Lopez, Fanny. « L'impact spatial et énergétique des data centers sur les territoires ». ADEME, février 2019.

Djaïz, David et Desjardins, Xavier. *La révolution obligée (réussir la transformation écologique sans dépendre de la Chine et des États-Unis).* Paris : Allary, 2024.

Dorier, Élisabeth et Dario, Julien. « Marseille 2018-2019 : De la crise du logement à la crise humanitaire ». Dossier cartographique commenté, en appui au Rapport 2019 du Haut Comité au logement des personnes défavorisées (HCLPD). Aix-Marseille Université, laboratoire Population environnement développement, 2020.

Glissant, Édouard. *Poétique de la relation.* Paris : Gallimard, 1990.

Godard, Pierre et Donzel, André. *Éboueurs de Marseille, entre luttes syndicales et pratiques municipales.* Paris : Syllepse, 2014.

Lefebvre, Henri. *Le droit à la ville.* Paris : Points, 1967.

Liefooghe, Christine. « La ville créative : utopie urbaine ou modèle économique ? ». *Revue de l'Observatoire des politiques culturelles,* n° 36, 2009.

Mattina, Cesare. *Clientélismes urbains. Gouvernement et hégémonie politique à Marseille.* Paris : Les Presses de Sciences Po, 2016.

Mucchielli, Laurent. « La délinquance enregistrée par la police nationale sur la ville de Marseille. Essai d'analyse géographique et sociale ». *Les rapports de recherche de l'ORDCS,* n° 11, 2017.

Nicol, Christian. « La requalification du parc immobilier privé à Marseille ». Mai 2015.

Péraldi, Michel. *Sociologie de Marseille.* Paris : La Découverte, 2015.

Pujol, Philippe. *French Deconnection, au cœur des trafics.* Marseille : Wildproject, 2014.

Pujol, Philippe. *La fabrique du monstre.* Paris : Les Arènes, 2015.

Pujol, Philippe. *La chute du monstre.* Paris : Seuil, 2019.

Pujol, Philippe. *Marseille 2040, le jour où le système de santé craquera.* Paris : Flammarion, 2018.

Samson, Michel et Péraldi, Michel. *Gouverner Marseille, enquête sur les mondes politiques marseillais.* Paris : La Découverte, 2006.

Samson, Michel et Péraldi, Michel. *Marseille en résistance, fin de règne et luttes urbaines.* Paris : La Découverte, 2020.

Table des matières

Pour limiter l'empreinte environnementale
de leurs livres, les éditions de l'Aube
font le choix de papiers issus de forêts durablement
gérées et de sources contrôlées.

Achevé d'imprimer en septembre 2024
sur les presses de l'imprimerie Firmin-Didot
pour le compte des éditions de l'Aube
331, rue Amédée-Giniès, F-84240 La Tour-d'Aigues

Numéro d'édition: 6401
Dépôt légal: octobre 2024
Numéro d'impression: 180997

Imprimé en France